見方・考え方を鍛える
「中学歴史」
大人もハマる
授業ネタ

河原 和之 著

まえがき

　私の実家である京都府木津川市の木津駅近くにマフィンを提供するステキなカフェがある。国道24号線沿いにあり、隣は田園地帯だ。カフェができるまでは、冬場の田園は農業従事者以外は、誰も見向きもしなかった。年末に墓参りに行ったおり、たまたま入ったカフェの窓越し  から見える景色が実に素晴らしかった。ときおり走るJR奈良線の列車と田園地帯のコントラストが、店の風情を高め、客のささやかな和みの時間をつくっているようだった。

　カフェと田園そしてJRのつくる見事な空間に「授業」を考えるヒントがあるように思う。「田園を走るJRの列車」という題材には、これまでは、誰も見向きもしなかったが、カフェ、そして美味しいマフィンを介することにより、素晴らしい情景がつくり上げられた。授業では、一つ一つの何ら脈絡のないモノを繋ぎ、関連性を紐解き、「へっ！」「ウソ！」「ホント！」という驚きや知的興奮を与えることが不可欠である。学ぶ場を提供していく教師や教材は、このカフェと同じ役割を担うべきではないだろうか。

　また、この田園とJRの列車を別の視点から見てみよう。この二つは、誰からも忘れられていたものが、カフェとマフィンにより復活したものである。私たちは、目立たない生徒やヤンチャな生徒を、おきざりにしたまま授業を展開してこなかっただろうか？　多少、こじつけがましいが、そんな自問自答をしてみた。

　私は2012年から『100万人が受けたい「中学社会」ウソ・ホント？授業』シリーズを世に出した。そのおり、本来「学ぶ」とは"新たな発見"をし、"知的興奮"を喚起し"生き方"をゆさぶるものでなくてはならないとした。

しかし「学力低位層」や「学習意欲のない」生徒にとっては，「抑圧装置としての授業」になっているのではないだろうかと自問自答した。ここで，ドラマ『塀の中の中学校』の刑務所に収監されている，中学校を卒業していない服役者（千原せいじ）が，学び直す物語を紹介した。「わからない」授業に耐えられず，「俺をやめさせてくれ。もう耐えられない。俺はいじめなどしたことがなかったが，今，俺はいじめをしている。このまま，ここにいたら，どんどんイヤな人間になってしまう」（要旨）と叫び，自殺しようとした物語である。再度，学ぼうとする服役者の気持ちを生かすことができなかった物語の世界が，現実の学校にも，事実として存在することは否めない。いわゆる「できない子」に光をあて，この「カフェ」のようなモノ（授業）があれば救われるのに……と。

　その後，約10年が経過したが，いわゆる「学習意欲」のない生徒への眼差しは，一向に変わらないのではないだろうか？　「主体的・対話的で深い学び」がキーワードになっているが，彼らの「学習意欲（主体性）」は問題視されず，「対話」においても「疎外」されている現状がある。「思考力，判断力，表現力等」「見方・考え方」を問う「深い学び」は，「知識」「理解」ですらあやうい彼らにとっては埒外であろう。私は，「学習意欲」のない生徒が活躍できる授業への工夫をライフワークとしており，授業力は，このような生徒により鍛えられてきたと思っている。「できる」生徒だけが主役なのではなく「すべての生徒」が意欲的に参加できる「学力差のない」授業を追究するのがプロとしての教師の"仕事の流儀"であろう。

　本書は「見方・考え方」を軸にすえた授業事例をまとめたものである。「できる生徒」＝「活用・探究」，「できない生徒」＝「習得」ではなく，「すべての生徒」が「思考力，判断力，表現力等」「見方・考え方」である"汎用力"を身につける，そんな授業が広がることを願ってやまない。

河原　和之

目　次

まえがき　2

第1章　100万人が受けたい！　歴史的な見方・考え方を鍛える授業のポイント　7

第2章　歴史的な見方・考え方を鍛える　「原始・古代」大人もハマる授業ネタ　31

1 四大文明　なぜ4大文明が大河と乾燥地帯の近くに発生したのか？　32

2 邪馬台国　推定！　邪馬台国　36

3 倭と東アジア　古代の鉄を解剖する　40

4 古墳　なぜ古墳はつくられたのか？　42

5 冠位十二階　ワークショップ！　役人になろう　46

6 平安遷都　泣くよ坊さん平安京！　50

7 平安文化　源氏物語の謎　52

第3章　歴史的な見方・考え方を鍛える　「中世」「近世」大人もハマる授業ネタ　55

1 御成敗式目　土地を仲立ちとしていた中世を御成敗式目から読む　56

2	貨幣の発生と普及	**鎌倉時代に貨幣が普及したワケ**	60
3	モンゴル帝国	**ハンバーグとユッケはどこから？**	62
4	南北朝時代	**一休さんの両親は誰？**	64
5	室町時代	**肖像・年表・文化遺産から考える足利義満**	66
6	自力救済	**村の自治**	70
7	ルネサンス	**活版印刷機発明の意義**	72
8	大航海時代	**なぜイタリアは凋落し，スペインが隆盛したか？**	74
9	少年使節	**天正遣欧少年使節から見える日本と世界**	76
10	江戸初期	**江戸城に天守閣がないワケ**	80
11	部落差別のはじまり	**「ケガレ」意識から部落差別へ**	82
12	江戸時代の交通	**北前船によって栄えた日本海側**	86
13	江戸時代の経済	**富山の薬から元禄期**	88
14	江戸時代の貿易	**グローバル化の中の江戸時代の衣食**	90
15	江戸時代の経済	**日本の銀生産と経済の自立**	92
16	幕末の商業経済	**二宮金次郎はなぜ薪を背負うのか？**	94
17	政府の役割のめばえ	**天明の大飢饉は天災？　人災？**	96

第4章 歴史的な見方・考え方を鍛える 「近代」「現代」大人もハマる授業ネタ　　101

1. フランス革命　ナポレオン軍が強かったワケ　　102
2. 産業革命と19世紀の海運　マルコはなぜアルゼンチンまで行けたのか？　　106
3. イギリスのインド支配　イギリスが綿布生産国になったワケ　　108
4. 戊辰戦争　戊辰戦争ってどんな戦争なの？　　112
5. 太陽暦　太陽暦と政府の財政事情　　116
6. 普通選挙　多面的・多角的に普通選挙実現を考える　　118
7. 第一次世界大戦　毒ガスを発明したハーバーの悲劇とは？　　122
8. アジアの植民地化　なぜタイは植民地にならなかったのか？　　124
9. 満州事変　リットン調査団の提案を受け入れるべきだったか？　　126
10. 沖縄戦　沖縄戦を住民とともに歩んだ知事　　130
11. 15年戦争　戦争の"いつ"を記憶するか？　　134
12. 戦後の政治と外交　東京オリンピックから核実験まで　　136
13. 戦後経済史　キャッチコピーといす取りゲームから戦後経済史を見る　　140
14. 戦争と平和　戦争シナリオのつくられ方　　142

あとがき　148

第1章

100万人が受けたい！

歴史的な見方・考え方を鍛える
授業のポイント

1 教材誕生の瞬間～「三分一湧水」～

「三分一湧水」をご存知だろうか？ JR小海線甲斐小泉駅から徒歩10分程度のところの，八ヶ岳の南麓標高1,035mにある湧き水である。この水は，麓の村で米づくりのためのかんがい用水として使われた。右は筆者が2017年9月に訪れたときに撮影したものである。

1つの湧水を3分割し，3（6）地域に水を流していたことがわかる。

北杜市観光協会HPによると武田信玄がつくったと書かれていたので，北杜市郷土資料館に問い合わせしたところ，俗説であり，誰がいつつくったのかは不明であるが，江戸時代初期に三分一湧水が存在したことは確認できるとのことであった。しかし，湧水を3分割し，下流の村が共同して使用するという"教材の魅力"にはまった私は本教材から戦国時代を扱うことにした。

○×クイズを導入に「戦いは雨天順延」「大きい旗を持っているのは，後の恩賞のために目立つため」「戦国大名は和歌や茶の湯の素養もあった」など興味ある事実を紹介する。

そして，戦国大名クイズを行う。（　　）政宗，（　　）早雲などとし，18人の戦国大名の苗字をグループで考えさせるなどする。

◆戦いに勝つためには？

> **Q 発問** 戦いに勝つために必要なことは？

答えは，「武器」「馬」「兵士」「資金」「城」など。ポイントは「財力」（富）である。

T：『多くの戦国大名は，領国を発展させ，領民を豊かにしていく富国政策

を行っていました。武田信玄は，甲府盆地でたびたび起こる河川の氾濫に悩んでいました。大雨のたびに洪水が起こり，田畑が損なわれ，安定した農業生産をあげることができませんでした。そこで信玄は，大規模な公共工事に着手し，「信玄堤」といわれる築堤工事を行ったのです』

◆三分一湧水

📷フォトランゲージ （前頁写真を提示）この写真は，「三分一湧水」という八ヶ岳の南麓，標高1,035mにある湧き水である。この写真から気づいたことを発表しよう。

S：「先生行ったんだ」「すごいきれいな水」

T：『でも飲料水ではありません』

S：「水車に使うとか？」「農業用水」

S：「標高1,000mを越えたところだよ」

T：『この水は湧水です』

S：「湧いてくるんだ」

T：『この湧水を使い，山麓の村々で農業用水として使用していたのです』

S：「へっ！　ぜいたく」

S：「でも上流の人が水を奪ったら下流の人は困る」

T：『横取りをしたり，水をめぐるトラブルは多く，死人がでることもありました。そこからこの湧水について気づくことはありませんか？』

S：「３つに分かれている」「本当だ！　中央と左右に分かれている」

T：『なぜ３つに分けたのでしょうか？』

S：「村どうしのトラブルをなくすため」

T：『トラブルのないよう３分割し麓の６つの村に水を流すようにしました。いつ，誰が３分割したのかは不明ですが，江戸時代には使用されていた記録があります。俗説ですが甲斐の武田信玄がつくったといわれています』

第１章　100万人が受けたい！歴史的な見方・考え方を鍛える授業のポイント　9

◆領国を豊かにするために

グループ討議 君が戦国大名なら，どうして領国を豊かにするか（A～Fの場所は日本地図で提示する）。

A　洪水が起こり農作物の被害が多い
B　冷害が起こりたびたび飢饉になる
C　山岳地帯にあり米作がやりにくい
D　商業が盛んだが，それぞれが勝手に仕事をしている
E　海が近く雪深い冬は農業ができない
F　陸運，水運ともに恵まれているが京都に近く戦乱が多い

〈意見例〉
A　洪水をなくすために堤防をつくる。年貢を安くする
B　米を備蓄する
C　木炭をつくる。木材を他の領国に売る
D　領国を統一するため法律をつくる
E　冬に特産品をつくる
F　港や交通の要地で税金をとる

＊いろんな戦国大名の政策を紹介する。

・北条早雲：検地により生産性を正確に把握。兵が農民に暴力をふるうことの禁止
・北条氏康：市が無秩序に開催されていたので，日が重ならないように開催し運上金をとる
・長宗我部元親：木材，茶，漆，桑，綿の特産品を奨励し国外に売り外貨を稼ぐ
・上杉謙信：越後上布の積出港である直江津，柏崎での関税収入を得る

＊1541年北条氏綱が氏康に送った遺言を紹介する。

> 　家中が華美にならないようにしないといけない。華美にしようとすると，百姓に無理な税金をかけたり，町人から商売の利益をとりあげることになる。借金も嵩み，そうすると財政は困窮し，百姓・町人を潰すことになる。百姓は，家を空け，田畑を捨てて，他国に逃亡したり……大名の勢威は弱くなってしまう。

　戦国時代，戦場では，耕地が破壊され，家屋は放火され，人とものの略奪が繰り広げられた。また，戦国時代の戦争は，けっして戦国大名やその家臣たちだけのものではなく，村人の戦争参加もあった。自分自身や家族の生存のためであり，自村では生活できないから戦争に行ったのだ。

　旅行先で発見した題材から「戦国時代」の歴史的意義や特色を学ぶことができる。領民に忠誠心を持たせ，足軽として戦場へ向かわせるために，領国の経済力をアップさせることは，領主（戦国大名）にとって不可欠な政策であったことが「三分一湧水」から理解できる。ここから「自力救済」の時代から脱皮する「近世」への「推移」を考察することができる。

　本章では，「歴史的な見方・考え方」を鍛えるポイントを，以下の6点に整理した。

> ・身近な地域の歴史から見方・考え方を鍛える
> ・世界の歴史を背景に見方・考え方を鍛える
> ・文化学習から歴史的な見方・考え方を鍛える
> ・複数の立場や意見を踏まえ，歴史的な見方・考え方を鍛える
> ・時期，推移，類似，差異など事象同士を因果関係などで関連づける見方・考え方を鍛える
> ・背景，原因，結果，影響など事象相互の繋がりから歴史的な見方・考え方を鍛える

2 身近な地域の歴史から見方・考え方を鍛える
～天下の台所大阪～

　身近な地域は，歴史上の具体的な事物や情報を通して理解するとともに，「比較や関連，時代的な背景や地域的な環境，歴史と私たちとのつながり」などの視点に着目することが大切である。大阪が「天下の台所」といわれるようになった背景を「位置」「場所」「流通」「商業」など地理的分野や公民的分野との関連から捉えさせたい。

　授業では，「鶴屋八幡」の饅頭を持参する。「鶴屋八幡」の饅頭屋（当時は虎屋伊織）は，「キタ」と「ミナミ」の間，「高麗橋」の近くにあった。橋の名前は，朝鮮通信使のために架けられたことに由来する。呉服の越後屋や，べっこう，糸，紅おしろい，ひも，鏡屋など女性好みの店が軒を連ねていた。

◆大阪八百八町

> **探す**　大阪の地図で「橋」のつく地名をできるだけ多く探そう。

　地名探し競争は，わいわいいいながら楽しくやっている。「淀屋橋」「日本橋」「浪速橋」など，他にもたくさんある。『なぜ大阪には橋のつく地名が多いのだろう』と問う。川が多いからだが，川といっても，開削された川が多い。淀屋橋という地名は，全国ではじめて米相場の基準となる米市を開始し，米価の安定と米の品質の基礎を築いた淀屋に由来する。

　大坂は「八百八橋」，江戸は「八百八町」といわれる。

> **クイズ**　大阪，東京，どちらの橋の数が多いのだろう。

　圧倒的に「江戸」。当時，大坂は約200，江戸は約350で，江戸のほうが多い。しかし，江戸の橋の大半は，幕府によってつくられたもので，大坂の公儀橋はわずか12である。ほとんどは，町人が暮らしや商売のために自費で架けた町橋であり，大坂が「八百八橋」といわれるのは，数では江戸に及ばな

いが，一つ一つの橋への思いが強いということが大きい。

◆天下の台所大阪

> 🔍 **探す** 「大阪地下鉄路線図」を示す。江戸時代の藩名のついた駅を探そう。

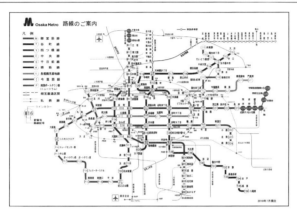

「肥後橋」「阿波座」，地下鉄の駅ではないが，「江戸堀」「土佐堀」などの地名もある。各藩の米や特産物を保存しておく蔵屋敷があった場所である。現在，市立博物館があるあたりには「広島藩」，リーガロイヤルホテルの場所には「高松藩」，関電ビルは「福岡藩」，朝日新聞ビルは「宇和島藩」の蔵屋敷があった。

> 👥 **グループ討議** 天下の台所といわれるように，大坂が繁栄した要因を3つ考え，ホワイトボードに書こう。

S：「全国の蔵屋敷が集まっていたから」
S：「淀川があり海が近く，港があり輸送に便利」
S：「北陸からも淀川を通って荷物を運べる」
S：「教科書に米市場があったと書いてある」
S：「青物市場」

第1章　100万人が受けたい！歴史的な見方・考え方を鍛える授業のポイント　13

S：「商人がいっぱいいて商売をしていた」

話し合いを経てグループ内で，ホワイトボードに以下のようにまとめる。

---

① 淀川やつくられた川により，交通が便利

② 米市場や青物市場があった

③ 大商人が多くいたから

それぞれのグループの意見を発表する。

教師からは，以下の追加情報を紹介する。

・全長2.6kmという日本一長い「天神橋筋商店街」が発展したのは，1653年に「天満青物市場」が開設されたことによる。ここは，生鮮野菜と果物の幕府公認の卸売市場だった。

・現在，水上バスの発着地になっている「八軒家」は，江戸時代は，大坂と京都の伏見間，約40kmを結ぶターミナル駅であった。

　経済の発展した大坂から江戸への海路の発展も重要である。木綿や油，醤油等を主に運ぶ菱垣廻船，酒を主に運ぶ樽廻船が運航された。大阪の河内木綿は，現在の千葉県の鰯からつくった干鰯が，肥料となった。西宮や京都でつくられたお酒が江戸に運ばれた。関東の濃口醤油は，和歌山県の湯浅から千葉県の野田，銚子に伝わり生産された。千葉県と和歌山県の江戸時代における密接ぶりは「白浜」「勝浦」など同じ地名が残っていることからもわかる。東北地方や北陸地方の年貢米を陸路で大坂や江戸に運送することは，効率という観点からも不都合であった。そのため，西廻り航路や東廻り航路も開発された。

＊ちなみに，「大坂」から「大阪」に変わったのは，「坂」は「土」に「反る」と「死」を彷彿させるとのことからである。

　身近な地域の学習（歴史との対話）においては，各地域の歴史的事実や現在に残る遺産などに注目し，「時期や年代，推移，比較，相互の関連や現在との繋がり」に着目した実践が大切である。

3 世界の歴史を背景に見方・考え方を鍛える
～リンカーンと坂本龍馬～

リンカーンと坂本龍馬。一見，何ら関係なさそうな人物が世界史的に繋がっている。"意外性""謎解き"と"知的興奮ある課題"により，歴史事象の意味や意義を理解させ，世界の歴史を背景に，各時代の特色を考察する見方・考え方を鍛える。

◆アメリカの戦争と戦死者

> **グループ討議** アメリカに関する次にあげる戦争を，死者数の多い順に並び変えよう。
> ① 南北戦争　　② 第一次世界大戦　③ 第二次世界大戦
> ④ ベトナム戦争　⑤ 朝鮮戦争

> **A答え** ① 南北戦争（約62万人）→③ 第二次世界大戦（約40万7千人）→② 第一次世界大戦（約12万6千人）→④ ベトナム戦争（約5万2千人）→⑤ 朝鮮戦争（約3万3千人）

南北戦争を1位にあげるグループはいない。この「正解のグループのいない」発問がいい。南北戦争では，弾丸を回転させながら発射するライフル銃，ガトソン砲と呼ばれる機関銃が開発された。

◆余った武器の行方

> **考えよう** 南北戦争で余った武器はどうなったか。

＊ヒントとして，「長崎のグラバー邸」「坂本龍馬」の写真を提示。
S：「余った武器が日本に輸出されたってことかな」
S：「それが反幕府方に売られた」「なかなか強力」

第1章　100万人が受けたい！歴史的な見方・考え方を鍛える授業のポイント　15

S:「弾丸が回転するんだっけ」
S:「グラバーさんが日本に販売した」
T:『大量の武器在庫をイギリス商人グラバーから購入したということですね』
S:「坂本龍馬は？」「薩長同盟を結んだ人だね」
T:『当時，長州藩はどんな状態だったでしょう？』
S:「幕府に攻められていた」「長州征伐か」
T:『そこで，龍馬はどうしましたか？』
S:「グラバーから武器を買った」
T:『長州藩など反幕府勢力に販売したのが，亀山社中の坂本龍馬でした。薩長藩が幕府を圧倒できたのは，このような世界史的背景がありました。南北戦争がなかったら，倒幕はなかったかもしれません』

　1853年，アメリカのペリー来航，1858年ハリスとの日米修好通商条約以降，アメリカの日本への来航は行われていない。また，中国をはじめとするアジアへの帝国主義的な動きへ遅れをとる一つの要因として，1861年の南北戦争がある。世界の歴史を背景に，原因，結果，影響など事象相互の繋がりに関わる視点に着目して歴史的な見方・考え方を鍛えることが大切である。

4 文化学習から歴史的な見方・考え方を鍛える
〜かな文字〜

　各時代の文化については，網羅的ではなく，代表的な事例をとりあげその特色を考察させることが大切である。文化を担った人々や外国との関わりなどに着目し，各時代の文化の特色を考える。ここでは，平安文化の「かな文字」に着目した事例を紹介する。

◆日本で使われている文字

> **Q 発問** 日本で通常使われている文字にはどんなものがあるか。

S：「ひらがな」「漢字」「カタカナ」

T：『そうです！　日本では３種類の文字を使っています。この数は多いでしょうか？』

S：「３種類は多いと思う」

T：『韓国はハングルと漢字の２種類ですが，３種類もの文字を使っているのは日本だけです』

> **？ 考えよう** 「かな文字」「漢字」「カタカナ」で一番便利なのは何か。

S：「かな文字」

T：『どうしてですか？』

S：「簡単だから」「かな文字だったら50文字覚えておけばいい」

S：「漢字なんて必要ないのでは？」（笑）

S：「"へいわ" と書くより "平和" のほうが意味がわかりやすい」

T：『抽象的な概念は漢字のほうがわかりやすいですよね。カタカナは？』

S：「"パラパラ" や "ゴロゴロ" といった言葉や，"コップ" "ラーメン" などはカタカナがいい」

T：『擬音語や外来語はカタカナのほうがわかりやすいということですね』

S：「へっ！　うまく３種類を使いわけてるわけだ」

　かな文字は，７世紀中頃に漢字１字に１音をあてた文字が最初である。このかなを「万葉がな」という。

◆ひらがなの誕生

> **クイズ** 現在のひらがなが発明されたのはいつ頃か。
>
> 　　　　ア　９世紀後半／イ　10世紀前半／ウ　10世紀後半

第１章　100万人が受けたい！歴史的な見方・考え方を鍛える授業のポイント　17

答えはアで，日本独自の短歌である和歌が盛んになると，日本人特有の感情や感覚を自由に表現する言葉として，在原業平や小野小町により使われる。905年に成立した『古今和歌集』では紀貫之がかなで序文を書いている。934年，紀貫之は女性の立場で『土佐日記』を記した。他には，藤原道綱母『蜻蛉日記』，菅原孝標女『更科日記』，紫式部『紫式部日記』などでひらがなを用いる。

> **❓考えよう**　かな文字は「仮名文字」とも書く。なぜ，このような漢字が使われているのだろう。

S：「適当なあて字」「仮の文字？」
T：『仮って，代わりってことですね。何の代わりでしょうか？』
S：「漢字」
T：『そうです。かな文字は，漢字に代わる，「仮」の文字だったのです』

◆漢字のラブレター

> **✒書く**　「あなたがすきです」というラブレターを漢字で書こう。

　「穴田画須木出酢」「亜奈他我巣木出須」「貴女賀好気出素」などと書かせる。
　それぞれの感想を聞くと，「貴女……」以外は，「あまり気持ちが伝わらない」との意見。『「あなたが好きです」のほうがいいですね』と「かな文字」のよさを実感させる。
　カタカナは，お経を読むために誕生し，第二次世界大戦前は，公的な文書は，漢字とカタカナが慣例で，戦後，かなまじり文が公式な表記方法になった。
　漢字，かな，カナが融合された文化は，国際的な要素を持った文化が栄え，それらを基礎とした文化の国風化が進んだ平安時代の初期に生まれる。この背景と意義を考える歴史的な見方・考え方を鍛える。

5 複数の立場や意見を踏まえ，歴史的な見方・考え方を鍛える～制限選挙～

　1890年，帝国議会の衆議院選挙の選挙権は，25歳以上の男子で直接国税を15円以上納めている人であった。これは全人口の1.1％だった。この制限選挙を，複数の立場や意見を踏まえ，多面的・多角的に考察する。

> **グループ討議** 制限選挙について，板垣退助（自由民権派），伊藤博文（帝国憲法派）に分かれて話し合おう。

　強制的に1グループ4人程度のグループに分け，それぞれの立場でその根拠を話し合う。

〈板垣退助〉
・1％の意見だけで政治はできない　・女子にも選挙権を与えるべき
・豊かな人の意見だけの政治になってしまう
・貧しい人の生活がよくならない　・こんな選挙にはなんの意味もない

〈伊藤博文〉
・まず日本の選挙制度を整えることが大切　・最初はこんなもの
・世界のどこでも最初は制限があった
・誰でも彼でも選挙権を与えてもしかたない

> **ロールプレー** 板垣退助と伊藤博文の立場に分かれて「全人口の1.1％の選挙権の是非」について意見交換をしよう。

板：「生活が豊かな人だけに選挙権があるというのでは，みんなの意見が政治にいかせない」
伊：「まず，国会を開くこと，選挙をすることが大切」
板：「みんなの意見を聞けないような国会では意味がない」
伊：「どこの国も最初は，こんなもんだ」
伊：「この当時，どこの国も選挙権は制限している」

第1章　100万人が受けたい！歴史的な見方・考え方を鍛える授業のポイント　19

板：「悪いことを真似ることはない」

伊：「いきなり，全員に選挙権は無理な話」

板：「豊かな人だけに選挙権というのでは，その人たちだけの政治になる」

伊：「まずは，世界に追いつくことが大切。最初からすべての人は無理」

板：「1.1％ってのはあまりにも少なすぎる」

伊：「当時は，新聞もテレビもなく，すべての人が世の中のことをわかっていない。だから，すべての人に選挙権を認めても意味がない」

板：「それって，教養のない人は，選挙権がなくていいってことになる」

伊：「今でも，見た目とかで投票する人が多いから，当時だったら，いっそうそうなってしまう」

板：「貧しい人に選挙権が与えられないと，その人たちの意見が反映されない。だから，明治時代の人々の生活が苦しかったのでは？」

〈教師のまとめ〉

　『貧困層に選挙権がないと，貧困対策は，政党の支持拡大の手段にはならないですね。一方，交通網の整備や学校が増設されることは，富裕層には有利ですね。交通網の整備により，地方と都市の物流がスムーズになり，製造業者や地主にとってはメリットがあります。しかし，当時は，ヨーロッパ諸国でも制限選挙でした。新聞などのメディアが流布されていなかったという指摘は重要です。この後，1925年に普通選挙法が成立しますが，大正文化の隆盛が追い風になったことは事実です』

　制限選挙という事象から，その意味や特色，事象間の関連を，「ロールプレー」という複数の立場に立ち，意見交換する活動を通して，見方・考え方を養う事例である。

時期，推移，類似，差異など事象同士を因果関係などで関連づける見方・考え方を鍛える
～「古代」「中世」「近世」の時代の転換～

◆源頼朝 VS 源義経

　古代から中世への転換は，「頼朝と義経」の「類似」や「差異」から捉えることで時代の「大観」が可能である。具体的には，兄頼朝に協力し，「源平合戦」で平氏を倒した義経が，「なぜ殺されなければならなかったのか？」ということを題材に，時代の転換点を探究する。

　「源平合戦」の地図を提示。それぞれの合戦場所から一つを選び興味をもった場所を調べ発表させる。義経は平家打倒のために，いろいろな戦いで奮闘しているにもかかわらず，兄頼朝の厳しい対応があったことを紹介する。

- 一の谷の合戦：国司を望んでいたが任官されず
- 後白河法皇により検非違使少尉に任官：頼朝は激怒し平家追討から外す
- 壇ノ浦の合戦：平宗盛，清宗父子を鎌倉に護送しようとしたが，鎌倉入りを許されない

> **書く** 義経は，平家を倒すために頑張ったが，兄の頼朝から，追われることになる。そのとき義経は，"嘆願の手紙"を送っている。頼朝が怒ったと思う箇所にアンダーラインを引こう。

　私は，平家を討つために，あるときはけわしくそびえ立つ岩の上を馬で越え，あるときは大海の風波を乗り越え，平家打倒のため命をおしまず海の底に沈むことも苦痛とせずに戦ってきました。これは，長い間の念願であった平家打倒のためだからこそです。おかげで私も，朝廷から五位尉という高い位をいただきました。源氏にとって，たいへん名誉なことではないでしょうか。私には，この他の野心などまったくありませ

第1章　100万人が受けたい！歴史的な見方・考え方を鍛える授業のポイント　21

> ん。

S：「最初から４行で，なんか戦いの名手みたいに自慢してる」

S：「平家打倒のためとかやたらアピールしてる」

S：「"朝廷から五位尉という高い位をいただきました"もそう」

T：『頼朝は"朝廷から五位尉という高い位をいただきました"の部分に怒ったといわれています。頼朝は，父の義家が平家によって殺害された後，どうなったでしょう？』

S：「島流し」

T：『どこですか？』

S：「……」

T：『今の伊豆あたりです。そこで将来，結婚する北条政子と出会います』

S：「へっ！　よかったじゃない」

T：『弟の義経は？』

S：「鞍馬寺って本で読んだような……」

T：『京都にずっといたわけです。ここで考え方に大きな違いがでてきます。何でしょうか？』

S：「京都だと，天皇も貴族もいるから，自分も高い位につきたいと思う」

T：『兄の頼朝は，当時，田舎であった関東地方で，多くの土着武士との出会いから，土地の権利を認めてもらうことを欲していることを学びました』

S：「そこで考え方が違ってきたんだ」

S：「だから，朝廷寄りの義経は危険だと考えて殺害したんだ」

＊この時代の武士は鎌倉ではなく，農村に住んでいて荘園の管理や護衛などをしていた。戦って勝てば土地を保護してもらえるので，御家人として将軍に従い奉公する。頼朝はその関東武士の願いを見事につかんでいた。その点，義経は，朝廷との繋がりを断ち切れず，兄に殺された。義経が兄に

殺されたのは，時代の変化を読めなかったからともいえる。

平家含め「義経」は，朝廷の重要な役職につき，多くの荘園を手に入れ，栄華を極めるという「古代」社会の考えを引きずっていたということができる。「頼朝」は，土地を仲立ちとする「御恩」と「奉公」による主従関係が時代の流れである"御家人オンリー時代"を周知していた。時期，推移，類似，差異など事象同士を因果関係などで関連づけることで「古代」から「中世」への転換を考察する，歴史的な見方・考え方を鍛える。

◆織田信長 VS 寺院勢力

織田信長の業績について学習する。若い頃のエピソードや，比叡山の焼き打ち，他の戦国大名への極悪非道なやり方など，「悪い人」というイメージが強い。歴史上の人物を「いい人」「悪い人」という，人柄や性格から導入し，歴史上で果たし

た役割について考えさせる。信長は，領国の経済発展のために，様々な政策を実施している。楽市令をはじめ，道路の整備，関所の廃止，座の廃止，通貨基準の設定など商品流通圏の拡大を図り，堺の商人たちとの結びつきを深めた。これにより，中世の中心勢力であった寺社勢力の力を弱め，封建制度の基盤をつくった。

織田信長に対するイメージをゆさぶり，「中世社会」から「近世社会」への転換を果たした織田信長の歴史的業績について考える。

◆信長はいい人？ 悪い人？

> **❓考えよう** 小学校で織田信長を学習した。イメージ的に信長は悪い人？ それともいい人？

S：「比叡山を焼き打ちにし，皆殺しにしたから悪い」

S：「お父さんのお葬式に焼香台を投げたと聞いた」

S：「小さい頃，親に反抗ばかりしていた」

S：「妹を敵と結婚させた」

S：「楽市・楽座で商業を自由にした」

と，「楽市・楽座」以外は，「悪い人」という意見が多い。

　父の葬儀において，焼香台を投げたことや，家来が連れてきた黒人に対して，石鹸で体を洗うことで，本当に黒いかどうかを確かめたなどのエピソードから，仏教が嫌いで，迷信を信じず，合理的な考え方をする人であったことを確認する。「非行少年（うつけもの）」を装っていたのは，当時，弱小戦国大名であった織田氏を，他の戦国大名に「相手にするほどのことはない」と思わせる策略であったとの説もある。

　戦国大名との戦いについては，桶狭間の戦いと長篠の戦いの場所を地図で確認した後，エピソード程度に扱う。

◆信長が強いワケ

クイズ 長篠の戦い（鉄砲隊）で勝った理由は何か？　そのことを考えるために，次のクイズに答えよう。

① 信長は長槍を使う専門集団を形成していた。長槍は何mくらいか？

② 当時鉄砲を撃つのにどれくらいの時間がかかったか。

Ａ答え ① 約6m　② 約25秒

Q発問 このような武器を自由自在に使いこなせる信長軍は，どんな軍隊だったのだろうか。

S：「訓練されている」「練習している」

T：『当時は領国の農民も兵隊として戦闘に参加しましたが，武器を使う練習をしていたのでしょうか』

S:「農業の暇なときに練習した」
S:「それは無理やろ」
T:『ということは，専属の軍隊を持っていたということですね』
S:「だから，今川にも勝てたんだ！」
T:『長い槍と，このような鉄砲を使いこなせたのは，専門集団がいたからです』
S:「なるほど！　だから，鉄砲隊も三列で整然と撃てたんだ」
T:『しかし，専属の軍隊を持つには，かなりの財力が要ります。それは，兵士の生活の糧である農村から離れ，軍事に専念するだけの給与を支払わなくてはならないからです』

◆中世から近世へ

「楽市・楽座」の意味と，安土の街のイラスト（略）を示す。

> ロールプレー　「キリスト教徒」「商人」「お坊さん」は，楽市・楽座についてどう考えていたのだろうか。

〈キリスト教徒〉
　「さあ，これから布教しよう」
　「貿易で儲けなきゃ」
〈商人〉
　「さあ，ここで儲けるぞ」
　「信長さんのおかげで自由に商売できていい」
〈お坊さん〉
　「信長に見つかったら大変だ」「信長うっとうしい」「殺されるぞ」
＊ここから信長の経済政策を多面的・多角的に考察できる。

❓ 考えよう 「楽市・楽座」によって商人は喜んでいる。それはなぜだろう。

S：「これまでは座に入っていなければ商売ができなかった」

T：『座に入るためにはどうしなければならなかったのでしょうか？』

S：「お金を払わないといけない」

T：『誰に？』

S：「支配者」

T：『支配者って誰ですか？』

S：「戦国大名」

S：「公家」

T：『他には？』

S：「寺」「神社」

T：『そうです。寺や神社は営業権を持っていました。それを自由にしたのが，楽市・楽座で，関所での通行料もなくしました』

　「常備軍」により合戦に参加しなければならなかった農民が農業に専念することができるようになった。つまり，織田信長は，「寺社勢力」の権限を弱め，「兵農分離」という「近世社会」への基礎をつくった人物といえる。信長の政策から，時期，推移，類似，差異などの事象同士を因果関係などを関連づけることで「中世」から「近世」への転換を考察する。

7 背景，原因，結果，影響など事象相互の繋がりから歴史的な見方・考え方を鍛える〜島原・天草一揆〜

　歴史学習では，事象の「背景」「原因」を資料等から分析・考察し，その「結果」から，その後の「影響」を学ぶ。だが，このような授業は「主体的・対話的で深い学び」とはほど遠い。背景，原因，結果，影響など事象相互の繋がりを，子どもの「意欲」との関係で学習することが不可欠である。

江戸時代初期に起こった島原・天草一揆は，キリシタンが中心の一揆で，３万７千人もの死者をだした（諸説有）。この一揆は多くの死者をだすだけの無駄な一揆だったのか？　島原天草一揆の「原因」「背景」「結果」「影響」など，事象相互の繋がりから考察する。

＊島原そうめんを持参する。

Ｔ：『今日は，この島原そうめんに関する授業です（生徒はポカンとしている）。1637年に九州で一揆が起こりました。何という一揆ですか？』

Ｓ：「島原・天草一揆」

Ｔ：『中心人物は？』

Ｓ：「天草四郎」

◆島原天草一揆の原因

> **？考えよう**　なぜ，このような一揆が起こったのか？　次の絵から考えよう。

Ｓ：「人が焼かれている」

Ｓ：「何かにくるまれている」

Ｔ：『これを"みのおどり"といいました』

Ｓ：「みのにくるまれて焼かれる」

Ｔ：『こうして焼かれると人間は，熱いから飛び跳ねますよね。そこからこういう名称がつきました』

Ｓ：「ひどい」

Ｔ：『焼かれている人は？』

Ｓ：「キリシタン」

＊指名し次の文章を読ませる。

重政の子，勝家があとをつぐと，その上に増税した。米・麦ばかりか，織物・茶・木綿・桑その他の生産物から網・かなづち・つるはし・すき・くわなど農民の生活に絶対に欠くことができない道具類まで税をかけ，はては，いろり・窓・棚などにもかけ，人を埋葬する穴にかける穴銭・子どもが生まれればかける頭銭というのまであった。それを納めないと，妻子を人質にして水牢に入れたりした。

（家永三郎編『日本の歴史』より一部引用）

〈説明〉キリシタン弾圧と，重税に苦しんだ農民は，1637年10月25日，キリシタンの礼拝を取り締ろうとした島原藩の代官を殺害。そして一揆になり，将軍がじきじきに周辺諸藩に出兵を命じ，約12万4千もの討伐軍を派遣した。一揆勢約3万7千人は原城に立て籠もったが，女，子ども含めすべて殺戮された。一揆の背景に「キリシタン弾圧」と「重税」があったことを確認する。

◆一揆の影響

❓考えよう　殺戮後，島原藩にとって困ったことになった。それはどんなことだろうか。

S：「武士も多く死んだので政治ができなくなった」
T：『約1万2千人の武士が亡くなったといわれています』
S：「農民もいなくなった」
S：「3万7千人は多いよね」
S：「年貢が入らなくなる」
T：『そうですね。多くの農民を殺戮したので，農民がいなくなり田畑は荒れ，年貢も入らなくなり，藩の財政も苦しくなりました。そこで，島原藩はどうしたのでしょう』
S：「年貢を増やした」
S：「また一揆が起こるよ」

T：『他の藩から入植者を募集したそうです。この一揆をきっかけに，暴力で領民を従わせようとすると，大きな代償を払うことに気づくわけです』

＊ここで再度「島原そうめん」を提示する。

T：『この有名なそうめんは，小豆島から移住してきた人が島原に持ってきたものです』

S：「ってことはこの一揆も，幕府の農民に対する政策を変えたということで，無駄ではなかったってことだ」

　導入は「島原そうめん」である。そして，「背景」「原因」は，キリシタン弾圧の絵と，重税をリアルに描いた文書から考えさせた。「結果」は，「３万７千人の処刑」という悲惨な事実で終結する。だが，この処刑によって，島原藩では大幅な人口減になった。それは，米生産の激減をもたらし，藩財政を圧迫する。その「影響」から，それ以降の一揆においては，首謀者のみの処刑へと変化する。事象相互の繋がりから歴史的な見方・考え方を鍛え，時代の変化を捉えさせることが大切である。

参考・引用文献

・黒田基樹『百姓から見た戦国大名』（ちくま新書）2006年
・小和田哲男『さかのぼり日本史⑦』（NHK出版）2012年
・北杜市郷土資料館「三分一の本」
・ロム・インターナショナル編『大阪を古地図で歩く本』（KAWADE夢文庫）2016年
・谷川彰英監修『地図に秘められた「大阪」歴史の謎』（じっぴコンパクト文庫）2016年
・ゆげ塾『構造がわかる世界史（増補改訂版）』（ゆげ塾出版）2018年
・池内了監修，造事務所編著『30の発明からよむ日本史』（日経ビジネス人文庫）2018年
・板倉聖宣，重弘忠晴『日本の戦争の歴史 明治以降の日本と戦争』（仮説社）1993年
・安井俊夫『歴史の授業108時間 上』（地歴社）1990年
・家永三郎編『日本の歴史』（ほるぷ出版）1987年

第2章

歴史的な見方・考え方を鍛える

「原始・古代」
大人もハマる授業ネタ

1 四大文明

なぜ4大文明が大河と乾燥地帯の近くに発生したのか？

1 歴史的な見方・考え方を鍛えるポイント

　推移・比較・相互の関連から「いつ起こったか」「前の時代とどのように変わったか」「どのような時代だったのか」を捉え，歴史事象について，多様な側面を持つと理解するとともに，様々な角度や立場に立って追究する歴史的見方・考え方を鍛える。本稿では，エジプト文明を中心に4大文明が，なぜ大河と乾燥地帯の近くに発生したかを，多面的・多角的に考察する。

2 展開と指導の流れ

1 ピラミッド石切場の落書き

　クフ王のピラミッドの写真やツタンカーメンの謎，ミイラのつくり方などのエピソードの導入。ヘロドトス『歴史』の「エジプト全国民を強制的に働かせた。（中略）常に10万人もの人間が，3か月交替で労役に服した」の文章を紹介する。

> **クイズ** ピラミッド石切場で落書きが発見された。さて，次のうち，どんな落書きだろう。グループで2つ選ぼう。
> ア　どうして王のためにこんなことをしなければならないのか
> イ　王，バンザイ！
> ウ　早く家に帰ってのんびりしたいな
> エ　家に帰ったら，たらふくパンを食べて，ビールをたくさん飲もう
> オ　娘よ，元気かな

S：「ビールをたくさん飲もうって書いてあるけど，この頃はビールはなかったのでは？」

S：「小麦がとれるからつくれるのでは」

S：「ここで働いているのは奴隷だから，結婚していないから子どもはいない」

S：「強制的に働されているので，『王，バンザイ！』はいわない」

T：『答えはイとエです（うそっ！　という声）。神である王を称えており，この頃はビールも飲んでいました（当時の絵を紹介（略））』

2　どうして「王，バンザイ！」なのか？

？考えよう　どうして「王，バンザイ！」なのか。

S：「無理に働かされていたのでは……」

S：「王は神だったから」

T：『王といえば裕福で強権的なイメージが強いと思いますが，ナイル川の氾濫や天候異変を予言する神のような存在だと考えたほうがいいです』

S：「でも建設工事で働かされるのは大変だ」

S：「なんで喜んで参加したんだろう」

T：『いい疑問ですね。この疑問を解くヒントは「ナイル川の氾濫」と「ミイラ」です』

S：「ナイル川が氾濫しないようにしてくれる」

S：「それは難しい」

T：『ナイル川が氾濫すると農作業はどうなりますか？』

S：「仕事ができない」

S：「その時期だけピラミッド建設をした」

T：『そうですね。石運びは，主にナイル川の氾濫期に行われ，農民は農閑期で失業状態だったので，喜んで参加しました。また，ピラミッドは王が死後に住む家であり，ミイラになって永遠に生きると思っていました

第2章　歴史的な見方・考え方を鍛える「原始・古代」大人もハマる授業ネタ　33

から，王のために働くことで，王の命のご利益にあやかれると信じていたのです』

3　なぜ4つの川の流域に国が成立したのか？

＊4大文明の場所を確認し，ノートに記入する。すべて大河のそば，水の豊かなところでありながら，周囲は，ほぼ乾燥地帯であることを確認する。

> **❓考えよう**　このように大河の流域に国ができたのは，どうしてか。

S：「まとめる人がいるから」

S：「農業がはじまると，川の水の取り合いなどでトラブルが起こるから」

T：『トラブルというか，水をめぐる戦争ですね。そこで，戦争を指揮する国，支配者が必要になりました。他には？』

S：「土地の取り合い」

S：「人の取り合いも……」

S：「奴隷だ」

T：『戦争や祭り，用水路の工事などを指揮していた人が支配者になり村から国が生まれました』

4　周りに乾燥地帯があるワケ

＊4大文明の近くには，乾燥地帯があることを確認する。

・エジプト文明：リビア砂漠　　・メソポタミア文明：ネフド砂漠

・インダス文明：大インド砂漠　・黄河文明：ゴビ砂漠

> **グループ討議**　なぜ，乾燥地帯の近くに文明が発達したのだろう。
> （ヒントは，乾燥地帯に住んでいる遊牧民）

S：「遊牧民が攻めてくるから，まとめるために国ができた」

S：「遊牧民って，馬に乗り，襲ってくる感じで強そう」

S：「でも，それだったら，あえてそんなところに人々が集まらないので

は？」

S：「何か得することがあるってことかな？」

S：「遊牧民は馬や毛皮があるから，大河に住む人々は，それが欲しかった」

S：「遊牧民は，小麦などの農作物が欲しい」

S：「なるほど！　お互いが，それぞれ交換したんだ」

T：『交換するためにはどんなことや人が必要でしょうか』

S：「お金」

T：『まだ，貨幣は登場していません』

S：「物々交換か」

T：『交換するために，商人や商業が生まれました』

3 ＋αの展開例

　交易や交換をするにあたり，意思疎通や記録のために文字が必要になった。こうして，遊牧，商業，農耕の交差するところに文明が発生し国家が成立したことを確認する。

参考文献

・岡本隆司『世界史序説』（ちくま新書）2018年

邪馬台国

推定！ 邪馬台国

1 歴史的な見方・考え方を鍛えるポイント

　日本古代史，最大の謎である「邪馬台国」の推定地を考える。正答はなく，邪馬台国と関係する「地名」，『魏志倭人伝』，新たな遺跡の発掘など，考古学の成果を活用しつつ歴史的な見方・考え方を鍛える。

2 展開と指導の流れ

1 『魏志倭人伝』を読む

❓考えよう ①〜⑥にあてはまる言葉を，ヒントを参考に考えよう。ヒント：②ひらがな4文字　⑥57年に漢から金印をもらった国　など

　倭人は，朝鮮の帯方郡（今のソウル付近）の東南の海上の島に住んでいる。もともと100あまりの国に分かれていて，漢の時代から中国に貢物を持って挨拶に来ていた。やがて，その100余りの国々も30の国に統合された。倭の国は，昔，男の王が治めていた。ところが，7，80年前に大きな戦乱が起こった。そこで，一人の女性を王に立てることで，ようやく戦がおさまった。その女性の名前を（①）と言った。彼女は，（②）によって人々を支配した。239年（③）に使いを送り，皇帝から「親魏倭王」の称号と，金印と（④）100枚をもらった。女王の死後は，墓が作られた。それは，直径100歩あまりもあり，奴隷が100人あまりも葬られたという。

帯方郡より（⑤）に行くには，海岸にしたがって航海し，狗邪韓国を
へて，（中略）対馬国に至る。（中略）また，一海を渡る1000余里，末ら
国に至る。東南陸行500里にして，伊都国に至る。（中略）東南（⑥）国
に至る100里。東行不弥国に至る100里，南，投馬国に至る水行20日。
（中略）南邪馬台国に至る。女王の都するところ。水行10日，陸行１月。

(筆者要約)

Ⓐ答え ① 卑弥呼　② まじない　③ 魏　④ 銅鏡　⑤ 邪馬台国
⑥ 奴

2　邪馬台国の場所を考えるヒント

グループ討議　邪馬台国は九州地方か近畿地方にあったとされ，い
まだに確定されていない。推定地を『魏志倭人伝』を参考に考えよう。

S：「卑弥呼の墓を見つければいい」「直径100歩」
S：「奴隷100人の骨」「それはもう土になってる」
S：「魏志倭人伝には魏の使者が，どうして邪馬台国にきたかの経路が書い
　　てあるからそれをたどればいい」
S：「邪馬台国らしい地名を探せばいい」
＊キーワードは，「墓」「金印」「銅鏡100枚」「経路」「地名」である。

3　地名から考える

　邪馬台国と似た地名を，九州地方と近畿地方の地図から探す。
・九州：「邪馬渓」は「邪馬台国」と類似している。吉野ヶ里遺跡の近くに
　「大和」がある
・近畿：「大和郡山」「大和高田」「大和西大寺」など，「大和」がついた地名
　が多い

第２章　歴史的な見方・考え方を鍛える「原始・古代」大人もハマる授業ネタ　37

4 中国からの使者がたどった道

🔍**探す** 魏からの使者がたどった道から，邪馬台国を推定しよう（以下の地名を地図帳で探す）。

　ソウル→対馬→松浦半島（末ら国）→糸島半島（伊都国）→福岡（奴国）→宇美（不弥国）→三潴（投馬国）と進んでいる。

S：「宇美からは筑後川を通れば三潴に着く」

S：「でも20日もかかるかな」

T：『投馬国から南に10日航海し，歩いて１月だったら邪馬台国は沖縄あたりになってしまいます』

S：「投馬国と邪馬台国は，ちょっと無理がある」

T：『でも，この二国は帯方郡からって考えるとつじつまが合いますよ』

S：「帯方郡から投馬国まで船で20日か」

S：「邪馬台国も帯方郡から船で10日，歩いて１月となると，なんとなくつじつまが合うね」

T：『地名や経路を考え，九州地方に邪馬台国があったのでしょうか』

S：「でも近畿地方のほうが，古墳が多く，卑弥呼の墓っぽいのが多い」

T：『吉野ヶ里遺跡には，魏志倭人伝に登場する物見やぐらや宮室の遺構があります。また，奈良県桜井市の纒向遺跡にも王宮や市場の跡が発見され，近くに卑弥呼の墓とされている箸墓古墳があります』

5 推定！ 邪馬台国

❓**考えよう** 邪馬台国が後のヤマト王権とイコールだとすると，畿内説が有力だ。仮の結論を考えよう。

S：「経路を見る，邪馬台国は九州地方だ」

S：「でも，ヤマト王権が近畿地方なのは確実」

T：『そこで，邪馬台国移転説なんて見解もでてきます。でも邪馬台国がヤマト王権とイコールとはかぎらないですよね』

S：「二つの有力な国があったってことか？」

T：『二つということではなくて，倭国連合の有力勢力の一つが邪馬台国だと考えればどうでしょうか』

S：「有力な勢力である邪馬台国は魏と仲がよく金印や鏡をもらっていた」

T：『この時代，中国には他にどんな国がありましたか？』

S：「呉，蜀」

T：『記録に残っているのは魏のみで，後にヤマト王権へと繋がる勢力は呉と関係があったとも考えられます』

S：「記録に残っていないということか」「なら，邪馬台国は北九州！」

T：『ヤマト王権に繋がる別の政権が存在したと考えればどうでしょう』

＊大和には，纏向を王宮とした日本列島の中心的な権力（後のヤマト王権）が，北九州には邪馬台国を盟主とする地方政権の倭国連合が存在していた（諸説あり）。

3 ＋αの展開例

　倭国北九州連合の中心が伊都国，宗教的な聖地が邪馬台国だったともいわれる。伊都国の機能は律令制度で太政官，邪馬台国は，神祇官と考えるとわかりやすい。

参考文献

・中公新書編集部編『日本史の論点』（中公新書）2018年

倭と東アジア

古代の鉄を解剖する

1 歴史的な見方・考え方を鍛えるポイント

　我が国の歴史の大きな流れを，世界の歴史を背景に，各時代の特色を踏まえて理解する。本稿では，「鉄」を題材に，3～5世紀の東アジアの情勢から，日本の交易のあり方を考察する歴史的な見方・考え方を鍛える。

2 展開と指導の流れ

1 鉄は何に使うの？

Q 発問 3～5世紀頃，鉄は重宝された。何に使うのか。

S：「田んぼを耕す」
T：『鉄を使用するといいことは？』
S：「深く掘れる」
T：『鉄製の農機具で農作業ができるようになり能率があがりました』
S：「鉄は武器にも使える」
S：「これまでは，石でつくった矢じりなどだった」「料理もやりやすい」
T：『鉄が大きく社会を変えたことがわかりますね。ただ日本では鉄は産出されず，朝鮮半島から輸入していました』

2 朝鮮半島情勢と日本からの見返り

? 考えよう 朝鮮半島から鉄を輸入していたが，日本は，何を輸出していたか。

S：「お金」「お金はまだない」「米」「魚」

T：『では，食べ物を代金として支払っていたのでしょうか？』

S：「……」「奴隷？」

T：『人ですね。人といっても奴隷ではありません』

＊5世紀の東アジアの地図を示す。朝鮮半島は「高句麗」「新羅」「百済」
　「加羅」に，中国は「北朝」「南朝」に分裂し対立していたことがわかる。

> **❓考えよう** この地図のように朝鮮半島，中国では対立や戦争が続いて
> いた。再度，日本からの見返りは何だったのか考えよう。

S：「鉄を輸入して武器を輸出した」

T：『武器をつくる技術は朝鮮半島のほう
　　が進んでいました』

S：「兵士？」

T：『そうです！　傭兵です』

S：「なるほど，戦ってくれる人か！」

T：『朝鮮半島では，勢力が拮抗していたので重宝されますね』

S：「どこの国？」

T：『加羅や百済に送り，高句麗や新羅と戦いました。高句麗にある「好太
　　王碑文」に日本（倭）が戦いにきていたことが書かれています』

3　＋αの展開例

　中国と朝鮮半島で戦乱の時代が終わり，朝鮮半島で「新羅」，中国で「隋」
「唐」が成立する。こうなると「傭兵」は必要でなくなる。その後，日本は
どのような交易の方法で，東アジア諸国と対応していったかを予想させたい。

参考文献

・出口治明「交易から見れば通史がわかる」『文藝春秋』（文藝春秋）2018年6月号

第2章　歴史的な見方・考え方を鍛える「原始・古代」大人もハマる授業ネタ　41

古墳

なぜ古墳はつくられたのか？

1 歴史的な見方・考え方を鍛えるポイント

「古墳大きさランキング」「古墳の分布」「大王の鉄剣」などの諸資料から，古墳がつくられた歴史的背景について考える。諸資料から歴史に関する様々な情報を効果的に調べる歴史的な見方・考え方を鍛える。

2 展開と指導の流れ

1 古墳大きさランキング

日本の古墳ランキング（20位まで）の表（堺市 HP 参考）を示す。

 ①②に当てはまる数字と都道府県名を答えよう。

	古墳名	全長(m)	所在地
1	仁徳天皇陵古墳（大山古墳）	（①）	大阪府堺市
2	応仁天皇陵古墳	425	大阪府羽曳野市
3	履中天皇陵古墳	365	大阪府堺市
4	造山古墳	350	（②）県岡山市
5	河内大塚山古墳	335	大阪府羽曳野市
6	五条野丸山古墳	310	奈良県橿原市
7	ニサンザイ古墳	300以上	大阪府堺市
8	景行陵古墳	300	奈良県天理市
9	仲姫命陵古墳	290	大阪府藤井寺市

10 作山古墳	286	（②） 県総社市
11 箸墓古墳	280	奈良県桜井市
12 神功陵古墳	275	奈良県奈良市
13 ウワナベ古墳	255	奈良県奈良市
14 平城陵古墳	250	奈良県奈良市
14 メスリ古墳	250	奈良県奈良市
16 仲哀天皇陵古墳	242	大阪府藤井寺市
16 崇神陵古墳	242	奈良県天理市
18 室大墓古墳	238	奈良県御所市
19 允恭天皇陵古墳	230	大阪府藤井寺市
20 垂仁天皇陵古墳	227	奈良県奈良市

 ① 486m　② 岡山県

2　古墳はどこにつくられたか？

グループ討議 地図帳の，1位から20位の古墳の所在地に○をしよう。同じ所在地があれば，二重○，三重○をしよう。また，古墳の分布からわかったことをグループで話し合おう。

S：「堺市に大きい古墳が多い」
S：「奈良市も多い」
S：「意外なのは藤井寺市と羽曳野市」
S：「岡山に大きい古墳があるというのも意外」

3　なぜ古墳はつくられたのだろう

考えよう なぜ，古墳はつくられたのか。

S：「強い権力を示すため」

S：「これだけ多くの人に協力してつくらせたんだとアピールするため」

T：『大きい前方後円墳がつくられたのは3～5世紀です。天皇（大王）は，この頃はどこに住んでいたのでしょうか』

S：「教科書には大和地方（奈良盆地東南部）と書いてある」

T：『今の奈良県橿原市あたりですね。でも，このあたりにはそんなに大きい古墳はないですね』

S：「奈良市に古墳が多いから，大王の墓はそこにつくられた」

T：『墓と政治をしていたところは別ってことですね』

4　中国南朝対策としてつくられた古墳

? 考えよう　1位，3位，7位は堺市にあるよね。現在の堺市に大王の政権があったとも考えられるが，5世紀は中国の南朝と繋がりがあったことから考えると，なぜこの地域に古墳がつくられたのだろう。

S：「南朝と貿易するための港があった」

S：「なるほど，堺は海に面している」

T：『南朝の使者が瀬戸内海を通り，難波の港に向かっているときに，大きい古墳を見たらどう思いますか？』

S：「ちょっとビビる！」

S：「すごい権力を持った王が倭にはいると思う」

S：「あれだけ大きい墓をつくれるというのは，スゴイ支配者だ」

T：『教科書の前方後円墳の分布図を見ると，大阪や兵庫の海岸線に沿って古墳があります。これは，南朝の使者を意識してのことです』

? 考えよう　なぜ藤井寺市や羽曳野市に古墳が集中しているのだろう。

S：「すごく多くの古墳があるんだ」

S：「でも海から遠い」

44

T:『南朝の使者は、政権の中心である大和地方まで、どのような経路をたどっていったのでしょうか？ 地図帳を参考にして考えましょう』
S:「現在の堺から大和川を上る」「歩いていった」
T:『どこを通っていきましたか？』
S:「現在の羽曳野市や藤井寺市を通って大和地方へ行った」
S:「いっぱいある大きい古墳を見ながら、大和地方に行くから、ますますスゴイ支配者がいるって思ってしまう」
T:『瀬戸内海を船でやってきた使者は、堺市近辺の大きい古墳に圧倒され、歩いているときも同様の気持ちになるわけです』

3 ＋αの展開例

　岡山県には、4位、10位の大きい古墳がある。ここから、倭王権は、大和と吉備を主体とする連合王権だったことにもふれたい。

参考文献
・中公新書編集部編『日本史の論点』（中公文庫）2018年
・東京書籍，帝国書院，中学校歴史教科書

5 冠位十二階
ワークショップ！役人になろう

1 歴史的な見方・考え方を鍛えるポイント

　社会的事象を，時期，推移などに着目して捉え，類似や差異などを明確にし，事象同士を因果関係などで関連づける歴史的な見方・考え方を鍛える。本稿では，天皇を中心とする中央集権国家はどのようにしてつくられてきたのか？　氏姓制度から聖徳太子の時代へ，そして大化の改新へと進む時代の変化の特質とは何なのか？　また，冠位十二階と乙巳の変の意義を考察する。

2 展開と指導の流れ

1 氏姓制度って？

　氏姓制度とは，古代日本において，中央貴族，ついで地方豪族が，国家（ヤマト王権）に対する貢献度，朝廷政治上に占める地位に応じて，朝廷より氏と姓を授与され，その特権的地位を世襲した制度である。

＊4人程度のグループを9〜10チームつくる。

> 〈1回戦　姓を決める〉「大臣」「臣」「大連」「連」「君」「直」の6枚の紙を黒板に貼る。上記6つの「姓」を書いたあみだくじを代表者が引く（数グループははずれ）。

・「大臣」「臣」：大王家から分かれたとされる有力氏族の姓。政治や軍事の仕事（20点）
・「大連」「連」：大王家とは祖先を異にする有力氏族の姓。政治や軍事の仕事（10点）

・「君」：大王家から分かれた小氏族や地方の有力豪族の姓（5点）

・「直」：国造をつとめる地方豪族の姓（2点）

＊それぞれ下に「伴造」がおり，祭り，記録，財政，馬の飼育，武具の生産をする。

> 〈氏を名乗ろう〉「大臣」「臣」のグループは「葛城」「平群」「蘇我」から姓を選ぼう。「大連」「連」のグループは「大伴」「物部」から姓を選ぼう。「君」「直」はグループの誰かの名前をつけよう。

＊氏姓制度とは氏族に姓を与え，職務を分担する制度であることを確認する。

2　冠位十二階って？

　冠位十二階とは，冠の色などで役人の地位を区別し，家柄にとらわれず，才能や功績のある人物を役人に登用する制度である。

> 〈2回戦　冠位試験〉『冠位を与える試験を実施します。正解の多い個人に高い冠位を与えます。ただし，大臣と臣のグループは，冠位を与える立場なのでクイズに参加してはいけません。また，教科書などは見ないでください』（クイズは既習事項で作成。以下は例）
> ① 金印は何という島で発見されたか。
> ② 卑弥呼の親族である壱与は何歳で王女になったか。
> ③ 日本独特の鍵穴の形をした古墳を何というか。
> ④ 「ワカタケル」と書いた鉄剣は埼玉の何古墳で発見されたか。
> ⑤ 聖徳太子が送った遣隋使は誰か。

> Ⓐ答え　① 志賀島　② 13歳　③ 前方後円墳　④ 稲荷山古墳
> ⑤ 小野妹子

　点数の高い人が高い冠位をもらえます。同じ点数の場合はじゃんけんで決めてください。その順位は以下です。

第2章　歴史的な見方・考え方を鍛える「原始・古代」大人もハマる授業ネタ　47

「大徳」「小徳」「大仁」「小仁」「大礼」「小礼」「大信」「小信」「大義」「小義」「大智」「小智」

＊「大徳」12点。以下1点づつ減点，「小智」1点。

T：『もっとも位が高い「大徳」の冠の色は何色でしょうか？』

S：「黒」「紫」

T：『答えは紫です』

T：『「大徳」の冠位をもらった教科書にも掲載されている人は？』

S：「……」

T：『小野妹子です』

❓考えよう 氏姓制度と冠位十二階の役人登用の違いは何か。

S：「氏ごとに仕事を分担していたのが個人になった」

S：「家柄に関係なく試験のできによって役人を登用した」

S：「今まで何とか氏に仕えていた人が直接，天皇に従うようになった」

T：『氏姓制度の時代と冠位十二階との役人登用の違いは，氏ごとに分担していた仕事を天皇直属の役人にさせたことです。それも登用試験を行い，能力ある役人を登用し，天皇中心の中央集権国家をめざしました』

3　大化の改新と役人

　大化の改新は，土地と人民をすべて公（国）のものとし，有力豪族には国家の官人として給与を与えるものである。603年には冠位十二階が制定され，その後，十九階に改められた。それまでの十二階の上に「大織」「小織」「小繍」「小繍」「大紫」「小紫」，下に「立身」が加えられた。

〈3回戦　登用試験〉『正解の多い個人に高い冠位を与えます。大臣，臣も試験に参加できます』

① 青森県にある縄文時代の遺跡を何というか。

② 中国，三国時代の3つの国は？

③ 日本一大きい大山古墳の長さは○86mである。○に当てはまる数字は？

④ 663年倭国と唐，新羅の連合国との戦いを何というか。

⑤ 九州におかれた行政・防衛・外交の機関を何というか。

Ⓐ答え ① 三内丸山古墳　② 魏呉蜀　③ 4　④ 白村江の戦い
⑤ 防人

　点数の高い人が高い冠位をもらえる。同じ点数の場合はじゃんけんで決める。その順位は，「大織」19点，以下1点づつ減点し，「立身」1点。

＊3回の試験得点をグループごとに合計し，順位を確定する。

　（一回戦はグループの得点，2回戦と3回戦は個人の得点を加味）

3　＋αの展開例

　大臣，臣が3回戦のクイズに参加できたのはなぜか，また，大化の改新の意義を，当時の役人登用方法の変化から考える。大化の改新により蘇我氏は滅亡した。これまでは役人を登用する側だったのが，登用される側に変わり，3回戦のゲームへの参加が可能になる。

　大化の改新を役人登用から天皇中心の中央集権国家への移行を，ゲームを通して考えさせた。氏姓制度と冠位十二階，大化の改新以降の役人登用の変化についてまとめる。

平安遷都

泣くよ坊さん平安京！

1 歴史的な見方・考え方を鍛えるポイント

　平安京遷都に関する事象の意味や意義，事象相互の関連を多面的・多角的に考察し見方・考え方を鍛える。遷都は寺院勢力を弱体化することもねらいであったが，他の側面からも，理由を多面的・多角的に考察する。

2 展開と指導の流れ

1 泣くよ坊さん平安京！

　794年桓武天皇により平安京に都が移された。「泣くよ坊さん平安京！」と覚えさせる。

> **❓ 考えよう**　なぜ，平安京遷都で坊さんが泣いたのか。

S：「坊さんが政治に口出しできなくなったから」
T：『天皇になれるようなお坊さんも現れました。誰でしょう？』
S：「道鏡」
S：「平城京では大きい寺も多く力を持っていた」
T：『どんな寺ですか？』
S：「東大寺」「西大寺」「興福寺」
T：『寺が政治に口出しすることもあり，大きい寺は，維持費が多くかかりました』

2　平城京より平安京へ

グループ討議　地図帳で，平城京より平安京のほうが都として適している地理的な条件は何か。

S：「大阪湾からものを運ぶとき，平城京は生駒山を越える必要がある」
S：「平安京なら淀川を通り大きい船で運ぶことができる」
S：「琵琶湖にも近く，日本海にも出やすい」
T：『淀川から大型船で直接，平安京に入ることができ，東国へも琵琶湖の東側からでることができました。京都から大阪湾，若狭湾はほぼ50㎞と近いです』

3　豪族の連合体から抜けだす

？考えよう　君たちは大和の豪族で，役人をしながら，農業をしつつ，家族4人で暮らしていたとする。平安京遷都に賛成か，反対か。

　ほぼ反対。理由は「単身赴任になる」「引っ越ししないといけない」「農業ができなくなる」「家族と暮らせない」「自分の土地から離れてしまう」など。
T：『役人に，私の土地，私の家族という意識から抜けだしてもらい，国のために働いてくれる人材を育成することもねらいです』

3　＋αの展開例

　渡来人である，土木技術に優れていた「秦氏」が居住していたことも遷都の理由である。対外関係から遷都の理由を考察することも大切だ。

> **参考文献**
>
> ・川尻秋生『平安京遷都』（岩波新書）2011年
> ・八幡和郎『本当は面白い「日本中世史」』（ソフトバンク新書）2013年

平安文化

源氏物語の謎

1 歴史的な見方・考え方を鍛えるポイント

　興味のある課題（問い）を設定し，その課題（問い）を追求したり解決したりする活動から，社会的事象の歴史的な見方・考え方を鍛える。本稿では，摂関政治の成立背景に注目しながら，平安文学の金字塔である源氏物語との関係を考察する。

2 展開と指導の流れ

1 平安時代の女性の魅力

クイズ 999年，道長は長女彰子を何歳で一条天皇と結婚させたか。

　自由に意見をいわせる。答えは12歳。

Q発問 平安時代の結婚制度は今と異なる。どこが異なるのか。

S：「いろいろな女性と結婚できる」
T：『一夫多妻制で，通い婚です。彰子は一条天皇にきてもらえましたか』
　挙手させる。半々に分かれる。
T：『あまりきてもらえませんでした。一条天皇は，道長の兄道隆の娘である定子を深く寵愛していました。魅力がなかったのでしょうか』

グループ討議 平安時代の女性の魅力を3つあげよう。

＊1つは外面，2つは内面を書くように指示する。

Aグループ：長い髪／性格／言葉づかい
Bグループ：白い肌／かな文字／物知り
Cグループ：太い眉／和歌が上手／字がきれい

Ⓐ 答え 長くて黒い髪／漢文が読める／和歌がうまくつくれる

グループ討議 一条天皇は，彰子のところに通うことも少なく，6年経っても皇子が生まれる気配はない。道長が彰子に女性として磨きをかけるためにしたことは何か。（討議内容略）

2 摂関政治と源氏物語

Ｑ 発問 漢文や和歌づくりの素養を身につけるため，家庭教師をつけた。この家庭教師の名前は？

S：「紫式部」
T：『源氏物語は何がテーマですか』
S：「貴族の生活を描いている」
S：「光源氏のラブストーリー」
T：『彰子に向けた恋の手ほどきでもあったのです。彰子は一条天皇の気持ちをつかみ皇子が誕生しました』

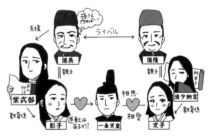

3 ＋αの展開例

「国風文化」が遣唐使の廃止により生まれた貴族文化という短絡的な捉え方ではなく，「唐風の文化と貴族文化の融合」であることについてふれたい。

第3章

歴史的な見方・考え方を鍛える

「中世」「近世」
大人もハマる授業ネタ

1 御成敗式目

土地を仲立ちとしていた中世を御成敗式目から読む

「中世」「近世」

1 歴史的な見方・考え方を鍛えるポイント

　1232年，北条泰時により制定された御成敗式目から，必要な資料を選択して有効に活用することで，社会的事象を一面的に捉えるのではなく，多様な角度から捉え，土地を仲立ちとする中世を大観する。

2 展開と指導の流れ

1 長〜い名前

❓考えよう 鎌倉武士の「畠山荘司平次郎重忠」という長い名前はそれぞれ何を表しているのか。

S：「畠山」（住所）「荘司」（荘園での地位）「平」（苗字）
S：「次郎」（次男）「重忠」（名前）
T：『正解です。この時代の武士は鎌倉ではなく，農村に住み荘園の管理や護衛などをしていました。戦って勝てば土地を保護してもらえ，御家人として将軍に従い奉公していました』

2 関東武士の家名を受け継ぐ地名

🔍探す 畠山という地名が家名になっていくが，そのように家名になっている地名が関東地方に多く残っている。地図帳で探そう。

「足利」「小山」「新田」「熊谷」「日野」「児玉」「本庄」「大井」など，すべ

て正解である。

T：『なぜ，関東地方は地名と家名が一致したところが多いのでしょうか？』

S：「土地が命だった」「武士は農業をしていたので土地が大切だった」

S：「関東地方に住んでいないと，いざというときに戦いに行けない」

＊中世は，土地を仲立ちとし，主従関係で結ばれていた社会であることを確認し，東大阪市にも「水走」という源義経に仕えていた武士の家名が地名として残っていることを紹介する。

3　御成敗式目を読む（現代語訳）

> 👥 **グループ討議**　1232年に制定された御成敗式目の次の①〜④に当てはまる言葉を考えよう。

・第3条（守護の仕事）

　　頼朝公が決められて以来守護の仕事は，大番催促，謀反人と殺人犯の取り締まりである。さらに夜討ち，（①），山賊，海賊の取り締まりもある。

・第7条（頼朝公や政子様から与えられた所領の扱いについて）

　　御家人に与えられた領地は，本所などの訴えがあっても権利を奪われることはない。

・第8条

　　御家人が（②）年間支配した土地は，元の領主に返す必要はない。

・第10条（殺害や刃傷など）

　　いい争いや酔った勢いでの喧嘩であっても相手を殺してしまったら殺人罪であり，犯罪者は死刑か流罪とし（③）を没収する。

・第12条

　　争いの元である（④）はこれを禁止する。重大な（④）は流罪とし，軽い場合でも牢に入れる。

第3章　歴史的な見方・考え方を鍛える「中世」「近世」大人もハマる授業ネタ　57

・第16条（承久の乱の時に没収した領地のこと）

　　承久の乱後に領地を没収された領主のうち，後に謀反人でなかったことが証明された者の領地は返還される。既に，返還する領地に入っていた新たな領主にはかわりの領地を与える。それらは合戦の時によく働き戦功があった者たちだからである。

・第37条（朝廷の領地を奪うことの禁止）

　　いまだに上皇や法皇またはその女御の荘園を侵略するものがいる。

　　今後もこのことを行う御家人はその所領の一部を没収する。

> **Ⓐ答え** ① 強盗　② 20　③ 財産　④ 悪口

> **クイズ**「御成敗式目」51条の条文の中に「所領」「領地」「土地」という言葉はいくつ使われているか（ヒント：ダブルスコア）。

> **Ⓐ答え** 33

4　御成敗式目からわかる中世

> **❓考えよう** 御成敗式目から鎌倉時代はどんな時代だったのか考えよう。

S：「強盗や海賊などが多かった」

T：『平安時代も多かったですね』

S：「貴族が自分のことしか考えなくなったから……」

T：『だから，地方の政治が乱れ，強盗や争いが増えてきたわけですね。そこでどうしましたか？』

S：「武装したり護衛のための武士が生まれた」

T：『武士が登場して約300年になりますが，かなり変化してきましたね』

S：「朝廷や荘園領主より力をつけてきた」

S：「なんといっても武士がこんな法律をつくったことがスゴイ」

T：『例えば，どんな条文にそれが表れているでしょう？』

S：「御家人に与えられた領地は，本所などの訴えがあっても権利を奪われることはないという条文」

S：「御家人が20年間支配した土地は自分のものになる」

S：「でも朝廷の領地を奪うなってこともいってる」

T：『承久の乱で，朝廷との力が逆転したといっても，支配と被支配という関係ではないですよね』

S：「でも，承久の乱で頑張った武士は領地がもらえたんだ」

T：『「御成敗式目」51条の条文の中に「所領」「領地」「土地」という言葉が33も使われているということからも，鎌倉時代（中世）は土地を仲立ちとして将軍と御家人が主従関係で結ばれている社会であったことがわかります』

3 ＋αの展開例

　なぜ，承久の乱の約10年後に御成敗式目が制定されたか。乱後，幕府の勢力が西国まで広がっていくと，地頭として派遣された御家人と公家，荘園領主とのトラブルが増えてきたこともその要因である。鎌倉幕府滅亡後も法令としては有効であった。足利尊氏も規定遵守を命令しており，戦国時代に戦国大名が制定した分国法も，御成敗式目の追加法令という位置づけであった。

　条文には，女性が御家人になることも認めており，戦国時代には女性の城主も存在していた。ジェンダーの観点からの教材化も可能である。

参考文献

・近藤成一『鎌倉幕府と朝廷』（岩波新書）2016年

貨幣の発生と普及

鎌倉時代に貨幣が普及したワケ

1 歴史的な見方・考え方を鍛えるポイント

　時期，推移などに着目し，背景，原因，結果，影響など事象相互の繋がりから捉え，比較したり，関連させたりして，社会的事象を分析する。本稿では「貨幣」が普及した時代背景を多面的・多角的に考察する歴史的な見方・考え方を鍛える。

2 展開と指導の流れ

1 日本で最初のお金

？考えよう 日本で最初につくられた貨幣は何か。

S：「和同開珎」
T：『708年につくられたお金です。その後1999年にそれより古い富本銭も発見されました。これらのお金は使われていたのでしょうか？』
S：「使っていたのでは？」
S：「でも，つくる量が少ないと足りない」
T：『これで商品が買える信用がないと貨幣は流通しませんね』
S：「物々交換のほうが安全」
T：『貨幣をつくって流通させるほどの，きちんとした国家が整っていなかったので，流通はしていなかったようです』

2 貨幣の発生と普及

クイズ いつ頃から貨幣は流通したのだろう。
ア 平安時代／イ 鎌倉時代／ウ 室町時代／エ 安土桃山時代

A 答え イ 鎌倉時代

貨幣が普及したのは鎌倉幕府ができた1225〜1250年頃だ。

? 考えよう なぜ，鎌倉時代に貨幣が普及したのか？ 教科書を参考に考えよう。

S：「承久の乱で武士である北条氏が後鳥羽上皇を倒したから」

T：『それで全国を武士が支配し，貨幣に対する信用ができてきたということですね』

S：「肥料が使われ，二毛作も行われて農作物の量も増えてきたから」

S：「ものをつくる職人が登場し，ものを交換する必要が出てきた」

S：「定期市ってものを販売するところだからお金が絶対に必要」

T：『鎌倉時代になると貨幣経済が発展してきたので交換手段としての貨幣が不可欠になってきたということです』

3 ＋αの展開例

　貨幣流通の背景には，中国から輸入された，宋銭，元銭，明銭の流入も不可欠である。室町時代「銅を輸出して銅銭を輸入していた」のは，そもそも日本の鋳造技術がお粗末だったからである。

参考文献

・本郷和人『考える日本史』（河出新書）2018年
・横山和輝『日本史で学ぶ経済学』（東洋経済）2018年

モンゴル帝国

3 ハンバーグとユッケはどこから？

1 歴史的な見方・考え方を鍛えるポイント

　モンゴル帝国がアジアからヨーロッパにまたがる広大な領域を支配し，東西の貿易や文化の交流が，陸路や海路を通して行われたことを，地図資料やハンバーグなどのものから考察する。

2 展開と指導の流れ

1　チンギス＝ハンと源義経

　チンギス＝ハンと源義経とは同一人物だといわれていることを導入とする。
・教科書の索引から，同じ頃に生まれていることを確認する
・平泉で焼け死んだ義経は偽の人物で，北海道からモンゴルまで逃亡した？
・義経が得意だったのは乗馬であり，チンギス＝ハンと共通している
・源義経を音読みするとゲンギケイ，ゲンギケイ……ジンギスカン（笑）
＊二人が徹底的に異なる点は身長で，義経は150cm台，チンギス＝ハンは190cmを越えていた。したがって，別人物である。

2　モンゴル帝国の広さ
＊教科書でモンゴル帝国の広さを確認し，色塗りをさせる。

> **クイズ**　「東方見聞録」を書いたイタリアのマルコ・ポーロと，フビライ＝ハンは，出会っているのだろうか。

62

S：「マルコポーロは海を渡って日本にきたのだから，会っているのでは？」

S：「元が日本に攻めてきたときにいっしょにきたとか？」

S：「イタリア方面まで勢力を伸ばしているからイタリアで会っているかも」

T：『二人は大都（北京）で会っています。こうして遠く離れた二人が会えたのも文化交流や陸路，海路のネットワークのおかげです』

3　ハンバーグから考えるモンゴル帝国

？考えよう モンゴル帝国では何を食べていたのか。

S：「馬では？」

T：『牛肉も食べていました。タルタルステーキは知っていますか？　タルタルステーキは，生の牛肉または馬肉を，みじん切りにし，味つけし，タマネギ，ニンニクなどの薬味と卵黄を添えた料理です』

S：「ハンバーグでは？」

T：『モンゴル人は生で食べていました。ハンバーグといえば，どこの国を思い浮かべますか？』

S：「ドイツ」

T：『ドイツのハンブルグ市では焼いて食べるようになります。ハンブルグステーキを略してハンバーグになりました。つまり，モンゴル帝国とヨーロッパは交流があったのです』

3　＋αの展開例

　モンゴルの生肉を食べる文化は，元の支配を受けた朝鮮半島にも浸透し，生の牛肉を細切りにする「ユッケ」になっている。モンゴル帝国の広大な文化圏を「ハンバーグ」「ユッケ」を通して学ぶことが可能である。

参考文献

・祝田秀全『東大生が身につけている教養としての世界史』（河出書房新社）2018年

第3章　歴史的な見方・考え方を鍛える「中世」「近世」大人もハマる授業ネタ　63

南北朝時代

4 一休さんの両親は誰？

1 歴史的な見方・考え方を鍛えるポイント

　歴史上の人物や文化財，出来事から時代区分との関わりについて考察する歴史的な見方・考え方を鍛える。本稿では，興味を持たれやすいトンチの一休さんから南北朝時代を考える。

2 展開と指導の流れ

1　一休さんって？

Q発問　一休さん！　知っていることをあげよう。

　「トンチの一休さん」「小僧なのに天皇と仲がいい」
　「小僧なのに身分の高い人と付き合いがある」「住職を困らせている」など。
　大徳寺の住職であったことを絵とともに示す。

2　一休さんの両親は？

クイズ　一休さんのお父さんは次のうち誰か？
　　　　　天皇／貴族／武士／僧／農民

　「貴族」「僧」が多い。「武士」という意見も多い。答えは「天皇」。

T：『後小松天皇がお父さんです』
S：「へっ！　天皇の子どもなんだ」
S：「だから，タメ口でしゃべるんだ」

64

T：『お母さんは？』

S：「貴族」「身分の高い人」

T：『お母さんは，南朝の高官であった藤原氏の娘です。しかし，後小松天皇の命を狙っているとして宮中を追われ，一休さんは6歳で安国寺に預けられました』

S：「生まれたのは何年だろう？」

T：『教科書の巻末の索引で調べてみましょう』

S：「1394年だ」

T：『1394年というと南北朝の対立は続いていましたか？』

S：「1392年に義満によって合一されている」

T：『しかし，まだまだ対立の時代ですね。父である後小松天皇は北朝の天皇なのでお母さんが疑われたわけです』

S：「南北朝は統一されていたけど，対立関係はキツイ」

S：「でも，だから天皇とも親しいわけだ」

T：『当時の高僧は，それくらいの身分だったのです』

S：「今と違うんだ」

T：『後花園天皇が天皇になったときは一休さんの推薦がありました。また，逆に，大徳寺の僧になるときには天皇から推薦をもらっています』

3 ＋αの展開例

　吉野には，再起を期し最後を迎えた後醍醐天皇の墓がある。『この墓は東西南北のどの方向を向いていたのでしょうか？』と問う。答えは「北」である。亡くなってからも「北にある京都に思いを馳せていた」のだろうか？
＊本実践は，元立命館大学学生，高橋光輝氏の発想をもとに授業化した。

第3章　歴史的な見方・考え方を鍛える「中世」「近世」大人もハマる授業ネタ　65

5 室町時代

肖像・年表・文化遺産から考える足利義満

1 歴史的な見方・考え方を鍛えるポイント

　我が国の歴史の大きな流れを大観し，各時代の特色を踏まえて時代の特色を多面的・多角的に考察する。本稿では「義満の肖像」「年譜」「金閣寺」「相国寺」など，「年表」「文化遺産」から，室町時代を大観する。

2 展開と指導の流れ

1 義満の肖像と年譜から

❓考えよう　義満の肖像（略）と年表から気づいたことをあげよう。

1358年（0歳）誕生
1367年（9歳）三代将軍になる
1368年（10歳）征夷大将軍になる
1378年（20歳）花の御所に移る
1382年（24歳）相国寺を造営
1391年（33歳）山名氏を討伐
1392年（34歳）南北朝合一
1394年（36歳）太政大臣になる
1395年（37歳）出家する
1397年（39歳）金閣寺を造営
1399年（41歳）大内氏を討伐
1404年（46歳）明との勘合貿易

1408年（60歳）死去
S：「頭が坊主」
S：「お坊さんみたいな服を着てる」
S：「武士なのに刀をさしていない」
S：「7歳で将軍ってびっくり」
T：『11歳で征夷大将軍になり武家の頂点を極め，公家の頂点にも立っています』
S：「36歳で太政大臣だ」
T：『武家，公家の次にねらうことは？』
S：「天皇」
S：「それは無理」
T：『僧侶の頂点の法王です。だから，頭がお坊さんのようになっています』
S：「でもお坊さんって意味ないのでは？」
T：『当時の僧は荘園も多く，中国の文化や学問に詳しく，今でいうと，外交官的役割もしていました』

　義満は，武士，公家，宗教界の頂点を極めたことを確認する。金閣寺の写真を提示し，それぞれの階がどのような造りになっているかを学習する。一階は公家風の寝殿造り，二階は日本風の書院造り，三階は禅宗様式で中国風になっていることからも，それぞれの階級の頂点になったことを確認する。

2　幼い将軍義満

❓考えよう　義満は7歳で将軍になっている。どんな問題が起こるか。

S：「家来がいうことを聞かない」
S：「他の大名が幅を利かす」

第3章　歴史的な見方・考え方を鍛える「中世」「近世」大人もハマる授業ネタ　67

T：『例えば誰でしょう？　教科書の"主な守護大名"の地図から考えましょう』

S：「山名氏が強そう」

T：『六分の一衆といわれ，全国の$\frac{1}{6}$を支配していました』

S：「赤松」

T：『赤松氏は後に将軍足利義教を暗殺します』

S：「大内氏も力ありそう」

T：『つまり，室町幕府は足利氏の独裁というより連合体ですね。将軍も幼く，トラブルも多かったです』

S：「義満は後に山名氏と大内氏を倒して頂点に立ったんだ」

T：『南北朝の争いが約60年も続いたのも，政権争いや戦いに敗れた大名が南朝方について戦いが長引いたからともいえます』

3　南北朝の合一

？考えよう　なぜ南北朝の合一ができたのか。

S：「義満も成長したから」

T：『成長というと？』

S：「すべての頂点に立ったから」

S：「でも天皇にはなってない」

T：『そうですね。しかし，義満がつくった相国寺は，天皇の住む御所の東西南北のどの方向につくられましたか？』

S：「東」「南」「北」

T：『すぐ北につくられました。北は地図でいうと……』

S：「上」（笑）

T：『冗談ではなく，天皇をも超える勢いだったのです。また，貿易もしていました』

S：「中国」「明」

T：『明との勘合貿易ですね。義満は明の国王から "日本国王" の称号をもらっています。1391年には山名氏も倒し，大きい力を持ってきたので，合一できたということです』

3 ＋αの展開例

　義満が建立した金閣寺は，金箔がはられている。しかし，義政の銀閣寺は，銀箔ははられていない。「お金がなかったから」ということとの関係で，日野富子の「悪妻」ぶりから説明する説もある。だが，"わび" や "さび" の世界観から，銀箔のない木造の建築様式にしたという説もうなずける。いずれにせよ義政は，日本文化の原点をつくった文化人であろう。

6 自力救済

村の自治

1 歴史的な見方・考え方を鍛えるポイント

推移,比較,相互の関連から時代を捉え,中世日本の特色である「自力救済」を「村の自治」から考察する。

2 展開と指導の流れ

1 水掛け論

Q 発問「水掛け論」という言葉の意味は何か。

S:「なかなか決まらない」「解決しない」「困難な課題」
T:『すべて正解です。なぜ"水"なのでしょうか』
S:「水は貴重だから」「水がなければ生きていけない」
S:「田んぼには水が必要」
T:『室町時代は,田畑の水利権や土地権をめぐり,トラブルが多発し,解決が難しい問題でした。隣の村とも争いが絶えず死者も多くでました』

2 村のおきて

? 考えよう ある村のおきての①～③に当てはまる言葉を考えよう。
・(①)を売ってはいけない ・(②)を飼うことを禁じる
・(③)をみだりに村内に入れない

70

> **Ⓐ答え** ① 田畑　② 犬　③ よそ者

T：『田畑の売買の禁止の理由は？』

S：「売買するとよそものが入ってくる」

T：『犬を飼ってはいけないのはなぜでしょう？』

S：「田畑を荒らす」「食料が足りなくなる」

T：『助け合うだけではなく，厳しい現実の中で弱い人を切り捨てる残酷性もありました』

S：「自分のことは自分でするってことだ」

T：『そうです！　自分たちで生き抜く "自力救済" の時代でした』

3　自力救済

> **❓考えよう**　自力救済とは何か。

S：「自分のことは自分でする」「村のことは村でする」

T：『トラブルを自分でなんとかしなくてはならない時代ですね。今は？』

S：「警察」「裁判所」

T：『戦国時代から自力救済から他力本願の時代へと変わっていき，領主が領民を保護する時代へと移行します』

3　＋αの展開例

　「徳政って勝手な要求？」という疑問がある。これは，室町時代が "自力救済" の時代であったことから明らかになる。中世の「徳政」とは本来は善政，あるべき秩序の回復を意味し，具体的には神仏＝寺社領保護と公正な裁判の実現を意味するものであった。社会では，失った財産の取り戻しを可能とすることであり，具体的には，売却，質入れした土地や金品の取り戻しであり，「徳政」は正当な要求であった。

第3章　歴史的な見方・考え方を鍛える「中世」「近世」大人もハマる授業ネタ　71

ルネサンス

活版印刷機発明の意義

1 歴史的な見方・考え方を鍛えるポイント

　歴史的分野の学習対象である社会的事象が多様な側面を持つとともに、様々な角度や、いろいろな立場に立って追究することが可能である。本稿では「活版印刷機」が社会の変化に与えた影響について考察する。

2 展開と指導の流れ

1　印刷できなかったら……

　ルネサンスの三大発明は「羅針盤」「火薬」「活版印刷機」であり、「活版印刷機」は、1445年にドイツのグーテンベルクが発明したことを確認する。

？考えよう　印刷がなかったら、できないことをグループであげよう。

「本が読めない」「勉強できない」「どんないいものがあるかわからない」
「情報が入ってこない」「ベストセラーがなくなる」「紙の必要性がなくなる」

2　グーテンベルクって

クイズ　グーテンベルクはどんな仕事をしていたか。
　ア　造幣局で仕事をしており、鋳型からプレスの過程を知っていた
　イ　金属加工業の仕事をしており、その過程で活版印刷機を発明した
　ウ　教会の司教で、手書きでの写本の時間のロスをなくすため発明した

　答えは「イ」であるが、父親が造幣局の役人であり、アのようにプレスの

技術を観察したことがその基礎になっている。

3　活版印刷機の発明によって

⁇考えよう　活版印刷機の発明は，知識・情報革命といわれる。その理由について考えよう。

S：「本，雑誌，新聞を読めるようになった」

T：『メディアも発達し，市民が政治に関心を持つようになり，後の市民革命にも影響を与えます。これまで文字を読めた人は？』

S：「国王や貴族」「教会」

T：『文字を読める人が広がることは，聖職者の権威の低下にも繋がります』

S：「みんなが聖書を読めるようになるのでは……」

T：『この後1517年にドイツのルターがドイツ語訳聖書を完成させますが，印刷がなかったらこんなことはしていないでしょう』

S：「文学も普及するようになる」「イソップ物語とかだ」「音楽の楽譜は？」

T：『楽譜が普及することで，ルネサンス以降，バッハやモーツァルトなどの作曲家が誕生します』

3　＋αの展開例

13世紀イタリアで発明された眼鏡は，神が与えた人間の姿を冒涜するとの理由で悪魔の道具といわれ，眼鏡をかけていると「障がい者」とされた。活版印刷術の発明は，本の普及，識字率のアップに繋がり近眼を増加させ，多くの人が眼鏡を使用するようになると，障がい者と健常者の境目は消滅した。

参考文献

・玉木俊明『人に話したくなる世界史』（文春新書）2018年

第3章　歴史的な見方・考え方を鍛える「中世」「近世」大人もハマる授業ネタ　73

8 大航海時代
なぜイタリアは凋落し，スペインが隆盛したか？

1 歴史的な見方・考え方を鍛えるポイント

推移，比較，相互の関連などを重視しながら社会的事象の歴史的な見方・考え方を鍛える。本稿では，イタリアが凋落した要因を「新航路の発見」「金銀」「地理的位置」などから考察する。

2 展開と指導の流れ

1 イタリアの凋落はコロンブスに援助をしなかったからか？

イタリアはルネサンスの中心で，文学や美術などが花開き，ジェノヴァ，フィレンツェなどの港町が栄えていたことを確認する。

> **?考えよう** 「イタリアの力が衰えたのは，コロンブスに新航路発見の援助をしなかったから」という意見は正解か，間違いか？ ペアで意見交換しよう。

〈○の例〉
「コロンブスってイタリア人だったんだ」
「新航路発見のために援助したのはどこの国だっけ？」
「スペイン女王って教科書に書いてある」
「援助していたら，新大陸発見によりイタリアが恩恵をもらったわけだ」
「ってことは○かな」

〈×の例〉
「コロンブスに援助をしなかったから確かに損はした」

「だからといって衰えることはない」

「それじゃあ×かな？」

2　イタリア凋落の理由

> **グループ討議**　「○」「×」に分かれて話し合いをしよう。世界地図
> とイタリアやスペイン，ポルトガルの位置にも注目しよう。

○：「コロンブスに援助をしたのはスペインで，南アメリカ大陸を支配する」

教：『スペインは，アステカ，インカ帝国を滅ぼして，何を手に入れましたか』

○：「香辛料？」

教：『香辛料はアジアから手に入れましたが，南アメリカでは金や銀です』

○：「金銀を手に入れたのには，大きい意味がある」

×：「イタリアは地中海から出る気がなく，商業だけで十分と思っていた」

教：『南アメリカ大陸の金銀がヨーロッパに持ち込まれたらどうなりますか』

×：「金銀の量が多くなり価値が下がる」

教：『金銀は貨幣にも使用されていたので，物価も上がります。イタリアは
商業や銀行業が多かったので，打撃を受けました。大西洋航路，インド
航路の開発でアジア貿易の中心も地中海から離れていきます』

3　＋αの展開例

　スペイン，ポルトガルと肩を並べ，ついに凌ぐ力を持ってきたのがオラン
ダである。17世紀半ばのオランダの船舶数は，ヨーロッパ全体の $\frac{2}{3}$ を占め
ていた。これだけの船舶をつくり，持てたのは，贅沢な森林資源があったか
らである。北海，バルト海という外洋との繋がりもその要因といえよう。

参考文献

・岡本隆司『世界史序説』（ちくま新書）2018年

第3章　歴史的な見方・考え方を鍛える「中世」「近世」大人もハマる授業ネタ　75

天正遣欧少年使節から見える日本と世界

1 歴史的な見方・考え方を鍛えるポイント

　天正遣欧少年使節は，学習者と同世代の題材であり，親近感を持ち主体的に学ぶことができる。派遣の背景や帰国後の4人の"その後"を考えることから，16世紀のキリスト教と日本との関係を多面的・多角的に考察する。

2 展開と指導の流れ

1　4人の少年使節

📖**読む**（「天正遣欧少年使節の絵」「使節の往復路の地図」を見ながら）少年使節についての文章を読む。

　1582年，海を渡ってヨーロッパに向かった4人の少年たちがいました。彼らは九州のキリシタン大名である，大友宗麟，大村純忠，有馬晴信らの名代としてローマへ渡った少年達です。伊東マンショ，千々石ミゲル，中浦ジュリアン，原マルティノの4人です。2月20日に長崎を出た彼らは，中国大陸のポルトガルの居留地マカオ，インドのゴアを経て，二年半後の1584年8月10日にポルトガルの首都・リスボンに到着します。スペインのマドリード，そしてイタリアに行き，ローマ教皇にも会い，様々な式典に出席します。1586年に帰路の途につき，途中，インドのゴアに立ち寄り，1590年7月21日に長崎に戻ってきました。

（伊東祐朔『嵐に弄ばれた少年たち』より筆者要約）

2 使節についての質疑

❓**考えよう** グループで質問や疑問点について考えよう。

S：「日本からローマに行くのになぜ2年半もかかったのか？」

T：『船は帆船で，季節風を利用して動力に使っていました。季節風の風向きが変わるまで，マカオなどの都市に半年ほど滞在するので多くの年月がかかりました』

S：「なぜ4人はローマに行ったのか？」

T：『派遣は，日本にいたバリニャーノという宣教師の発案で，日本にもヨーロッパの文化を知ってもらうこと，キリスト教を広めるためでした』

S：「この4人は何をしていた人か？」

T：『セミナリヨというキリスト教の学校で西洋の学問を学んでいました』

S：「ヨーロッパでは歓迎されたのかな」

T：『ポルトガルのリスボンでは，到着すると使節を歓迎する祝砲が響き，スペインのマドリードでも帝王のもてなしを受けました』

3 その後4人はどうなったか？

クイズ 1590年7月21日，4人は無事に長崎に戻ってきた。この頃は秀吉の全盛期。秀吉はキリスト教を迫害した。帰国した当初は，歓迎していたが，その後の4人の運命はそれぞれ異なった。どうなったのか。

① キリシタンの学校の先生になり病死した（1612年）

② 迫害がひどくならないうちに棄教した（1601年／諸説あり）

③ 迫害が激しくなったころマカオに追放された（1614年）

④ 決死的な布教を続けたが，長崎で"穴吊りの刑"で処刑される（1633年）

第3章 歴史的な見方・考え方を鍛える「中世」「近世」大人もハマる授業ネタ 77

Ⓐ 答え

① 伊東マンショ　② 千々石ミゲル　③ 原マルティノ
④ 中浦ジュリアン

① 伊東マンショ：島原半島のキリシタンの学校で先生となったが，1612年
の禁教令後に病死する
② 千々石ミゲル：「キリシタンの教えは非常に悪く，あやまったものである。
実際には，日本の国を奪おうする危険な宗教である」とした（隠れキリシ
タンとして信教を守ったという説もある）
③ 原マルティノ：持ち帰った活版印刷機を使い多くの書籍を出版した
④ 中浦ジュリアン：処刑時に「われこそはローマをみた中浦ジュリアンで
ある」などと語った

❓ 考えよう 8年半もかけてヨーロッパまで行ったにもかかわらず，帰
国したらキリスト教への厳しい弾圧の時代になっていた。4人のヨーロ
ッパ訪問は無駄だったのか。

S：「ここに日本ありってわかった」「後にキリシタンの一揆が起こった」
T：『島原天草一揆ですね』
S：「平等の考えが広がった」
S：「それはない。江戸時代は身分差別の強い時代だった」
T：『東洋に日本という素晴らしい国があることを知らせたことは大きいで
すね。彼らが持って帰ったものは？』
S：「聖書」「印刷機だ」
T：『ルネサンスの三大発明の活版印刷機です。これにより，いろいろなも
のが印刷されました』
S：「瓦版」「浮世絵」
T：『本の印刷も行われました。それまでは，一字一句うつしていましたが，
"平家物語""太平記"のような日本の作品だけでなくヨーロッパ文学で

ある"イソップ物語"も翻訳され，多くの子どもたちが読むことができるようになりました』

4　中浦ジュリアンからの手紙

> ✍️ **書く**　「織田信長」「豊臣秀吉」「ザビエル」「ローマ法王」のうち一人を選び，中浦ジュリアンからの手紙を書こう。

【織田信長への事例】私が日本へ帰ってきたとき，信長様の時代から秀吉の時代になっていました。信長様は，南蛮貿易による利益という理由にしろキリスト教を保護してくれました。秀吉は宣教師を追放しキリスト教を禁止しました。それにより私と一緒にローマに行った他の３人もキリスト教をやめたり，日本から追放されたりしました。私は，キリスト教を信じ続けましたが，江戸時代になり処刑されてしまいました。キリスト教を保護していただいた信長様には感謝しています。

3　＋αの展開例

　スペイン，ポルトガルを中心とするアメリカ大陸の植民地化と，キリスト教の布教は連動した動きであり，16世紀は，キリスト教を通して，ヨーロッパ，アジア，アメリカ大陸が一体化した時代ともいえる。以上の視点から授業を深めていくことも可能である。

参考・引用文献

- ・松田翠鳳『天正の少年使節』（小峰書店）1971年
- ・伊東祐朔『嵐に弄ばれた少年たち』（垂井日之出印刷所）2015年
- ・神田千里『戦国と宗教』（岩波新書）2016年
- ・村井章介『分裂から天下統一へ』（岩波新書）2016年

第3章　歴史的な見方・考え方を鍛える「中世」「近世」大人もハマる授業ネタ　79

10 江戸初期

江戸城に天守閣がないワケ

1 歴史的な見方・考え方を鍛えるポイント

　歴史に関わる事象の意味・意義や特色，事象間の関連を課題を設けて追究し，思考力，判断力，表現力等を養う。本稿では，「江戸城に天守閣がないワケ」から，江戸時代初期の幕府の財政事情について考察する。

2 展開と指導の流れ

1　江戸城の天守閣

　皇居の写真を提示。元は江戸城で徳川家康が創建したものだが，天守閣は1657年の明暦の大火により焼失した。絵図等から，焼失範囲を確認し，死者は江戸の人口約50万人のうち約10万人以上が亡くなったことを伝える。

2　なぜ再建されなかったのか？

❓考えよう　江戸城天守閣はなぜ再建されなかったのか。

「お金がなかった」「権力を誇示する必要もなかった」「町の再建を優先した」
＊保科正之の言葉『天守閣は幕府の権力と権威の象徴だが，今はその再建のために，国の財産を費やす時節ではない』。

3　江戸幕府の財産

❓考えよう　江戸幕府の財産はどこから手に入れていたのか。

S：「農民の収める年貢」

T：『みんな食べていたのでしょうか？』

S：「米をお金に換えて町の整備など，いろいろなところに使っていた」

T：『今でいうところのインフラ整備です。他の収入はどうでしたか？』

S：「金」「佐渡の金山だ」「銀」

T：『銀といえば？』

S：「石見の銀山」

T：『また，幕府の領地は天領で全国の約 $\frac{1}{4}$ の，400万石でした』

4 こんな支出も……

> **❓考えよう** 4代将軍家綱が家光から相続していた600万両のお金は，大火4年後に385万両になっていた。なぜ，お金が減ったのか。

S：「明暦の大火への補償」「江戸の町の再建」

T：『家光がお爺さんである家康のためにつくったものはなんでしょう？』

S：「日光東照宮」

T：『建設費は57万両で，10回は参拝し100万両は使っています。しかも1637年の島原天草一揆の戦費に40万両を使いました』

3 ＋αの展開例

「明暦の大火」から「公助」の萌芽を考える。具体的には「被災者が飢え死にしないよう，直後から1か月粥の配給」「被災大名には，銀100貫目以上の恩貸銀」などがある。

参考文献

・上念司『経済で読み解く明治維新』（KKベストセラーズ）2016年

部落差別のはじまり

「ケガレ」意識から部落差別へ

1 歴史的な見方・考え方を鍛えるポイント

　背景，原因，結果，影響に留意しつつ，歴史的事象を多面的・多角的に考察する。本稿では，部落差別がなぜ起こったのかを考え，不合理な差別や偏見から自由になる見方・考え方を鍛える。

2 展開と指導の流れ

1 ケガレの発生と被差別民

　「ケガレ」感はどうして生まれたのか。平安時代から室町時代における「ケガレ」は，神が憎むとされた"不浄なもの"ということで，例えば「人間や動物の死体」「埋葬」「流産」「出血」「月経」「懐妊」「出産」「病気」「肉食」「失火」などである。こうした「ケガレ」に触れると災いや不幸が生じるとされ，927年の延喜式では「死穢」「産穢」「血穢」についてそれぞれ30日間，21日間，7日間外出してはならないと定めた。室町時代から，不浄なものを扱う人たち（人間や動物の死体）や自然を変える人たち（天変地異や世の中の仕組みを変えてしまう人たち）のような畏敬の存在，つまり自分たちと異なるような存在に対して「ケガレ感」を持つようになる。この時代は，死体を処理する人，死牛馬の処理をする人，造園をする人，猿楽や舞踊などの芸能界という人たちが賤民身分とされた。「ケガレ」は人々が生活を営む以上，必ず起こるものであり，これを「キヨメ」てくれる，つまり，不正常な状態にあるものを正常な状態に戻し，「ケガレ」が伝染するのを防ぐ役割をする人々が必要になってきていた。

2 死体を埋葬する人に対する感情

> 平安時代,自然はとても脅威で怖いものだった。自然は神様のようなもので,雷が落ちれば何かが怒っていると感じた。死も怖い,自然も怖い,死というものが何かわからない,そんな時代に生きていたとして,死体を処理して埋葬する人に対してどのような感情を持つか。一言にまとめよう。

S:「怖い」
S:「恐れ多い」
S:「特別な力を持ったすごい人」
S:「近寄りがたい存在」
S:「天空人」
S:「すごいけどちょっと引く」
T:『ケガレ意識やこういった人に対する感情は,下に見ているのではなく,自分とは違う世界に生きている特殊な力を持った人と思われていました。被差別民衆の仕事は警察の仕事や刑の執行をする人,死体や死牛馬の処理をする人,造園や芸能の仕事をする人などがいました。一言でいうと「ケガレ」を「キヨメ」る仕事です。中世の賤民身分の人々に対する考え方はこのようなものでした』

3 「ケガレ感」の強化

> なぜ,家族や親戚の人が亡くなったら「忌引き」があるのだろう。

S:「お葬式とか忙しいから」
S:「そんなの悲しくて,仕事や学校に行けないから」
T:『徳川綱吉がつくった「服忌令(ぶっきりょう)」がはじまりです。「ケガレ」が他の者に移るから休めという強制的なもので,塩を撒いたりす

るのもそのためです。お祝い事は，13か月行ってはならないとされていましたし，実父や実母が亡くなった場合，忌引きは50日でした』

4　最初の差別法令

クイズ 江戸幕府が，えた，ひにんに対する差別法令を最初に出したのはいつ頃か。

　ア　江戸時代のはじめ（1600年〜1620年）
　イ　幕府の権力の確立の頃（1620年〜1650年）
　ウ　江戸時代の中頃（1750年〜1780年）
　エ　幕末（1800年頃）

　答えは，ウである。1778年に江戸幕府によって「えた・ひにん」に対する最初の差別法令が出された。

　近来，えた・ひにんのたぐい，風俗悪く，百姓・町人に対し，法外のはたらきをいたし，あるいは百姓体に扮し，旅籠屋・煮売り・小酒屋などに立ち入り，見とがめ候へば，むずかしく申し候えども，百姓・町人などは，外聞にかかわり，用拾いたしおき候ゆえ，法外に増長いたし（後略）

T：『このような法令がでたということは，逆に考えればどういうことでしょうか？』
S：「えた・ひにんが百姓といっしょに仕事をしていた」
S：「遊んでいた」
S：「普通の服を着て歩いていた」
T：『異なる身分とも交流し，旅行に行き，飲み屋で飲食もしていたということです』
＊この法令は，飢饉が続き，百姓一揆が増えたために身分制度を引き締める必要性からつくられた。つまり部落差別とは，元々，人々の意識の中にあ

84

った，「ケガレ感」や差別意識をうまく利用しながら，身分差別の引き締めを目的として幕府が法令化したことでうまれたものである。

3 ＋αの展開例

「ケガレ」は「火」「食事」「結婚」の3つから伝染すると思っていたことを，「各藩の差別法令」から考えさせる。①～⑤に当てはまる言葉を考えさせる。

・道路を通行するときは（①）を歩くこと。

・平人と同じ火で炊いたのを食べてはいけない。（②）を直接つけあってはいけない。

・（③）の場合もその場所に行ってはいけない。

・髪は（④）を引き裂いた紙でくくるように。

・ある平民とえたが結婚したという理由で二人の（⑤）を切り，その両親をえた身分に落とした。

> **Ａ答え** ① はし　② たばこ　③ 火事　④ わら　⑤ 髪

参考文献

・住本健次，板倉聖宣『差別と迷信　被差別部落の歴史』（仮説社）1998年

第3章　歴史的な見方・考え方を鍛える「中世」「近世」大人もハマる授業ネタ　85

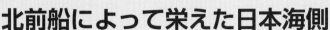

12 江戸時代の交通

北前船によって栄えた日本海側

1 歴史的な見方・考え方を鍛えるポイント

　推移，比較，相互の関連などから，江戸時代の「人口」「交通」を考える。本稿では「北前船」を通じて，多面的・多角的に考察する歴史的な見方・考え方を鍛える。

2 展開と指導の流れ

1 江戸時代の人口

> **クイズ** 江戸時代（1850年），次の都市の人口の順位を考えよう。
> 　　　京都／大阪／江戸／名古屋／仙台／金沢

　答えは，上から江戸（約115万人），大阪（約33万人），京都（約29万人），金沢（約11.8万人），名古屋（約11.6万人），仙台（約4.8万人）の順。理由を聞く。
S：「江戸には幕府があった」「大阪は天下の台所で商人が多い」
S：「京都には天皇が住み，昔から人口が多かった」
S：「金沢には加賀藩で100万石の大大名がいた」

2 日本海側で増える人口

> **考えよう** 江戸後期には全国的に人口が停滞しているにもかかわらず，日本海側の人口は増加している。なぜ増加したのか。

86

＊例えば，新潟は200年間で約７倍（４千人から２万７千人），富山は約４倍
（３万３千人）などである。松江（３万６千人），鳥取（３万千人），秋田
（２万７千人），酒田（１万８千人）も人口が多かった。

S：「新潟は佐渡島に金山があったから」

T：『最盛期には４〜５万人が住んでいたとされています。その関係で新潟
　　に住んでいた人もいるでしょう。他にはどうですか？』

S：「交通が発達していた」

S：「船で物資を運ぶ」

T：『教科書には，日本海側を航行する船は何と書かれているでしょうか』

S：「北前船」

T：『1672年，河村瑞賢により最上川上流にあった幕府の天領の米を河口の
　　酒田から大阪，江戸に運ぶために開発されたのが西廻り航路です』

S：「距離的には陸路のほうが早いのでは」

S：「馬で運ぶからかなりの馬がいる」

S：「やっぱり，北陸，山陰，瀬戸内海，そして大阪，江戸というのは遠い」

S：「津軽海峡のほうが近いのでは？」

T：『津軽海峡廻りは，危険な海域が多く，航行には適していませんでした。
　　これにならい，東北や北陸の藩が年貢米や特産物を大阪に運ぶようにな
　　りました』

3　＋αの展開例

　近江商人は，北海道の産物を敦賀までの航路を使い，そこから陸路で運ん
でいた。「武家諸法度」で「500石積以上の船を持つことを禁じる」という法
令も影響し，太平洋航路は，波も荒く，航海に適していなかった。

参考文献

・田村秀『地方都市の持続可能性』（ちくま新書）2018年

13 江戸時代の経済

富山の薬から元禄期

1 歴史的な見方・考え方を鍛えるポイント

17世紀末からつくられた富山の薬がなぜ日本各地に広まったのかを考察することから，元禄期の時代像を大観する歴史的な見方・考え方を鍛える。

2 展開と指導の流れ

1 なぜ富山で薬が？

クイズ 江戸時代の17世紀末，富山で本格的に薬製造がはじまったのはなぜか。
ア 水害や冷害対策による財政難で困窮していた藩を救うため
イ 腹痛に対する名医が富山にいて，その医者が腹痛の薬を発明した
ウ 隣の加賀藩の大名への売薬として製造したのがきっかけである

答えは「ア」である。17世紀末，加賀藩から分かれた富山藩は，10万石の小国ながら多くの家臣を抱え，しかも領地は水害や冷害に見舞われ財政が困窮していた。富山の薬は，岡山の医師が伝えた「反魂丹」という腹痛の薬が，江戸城で突然腹痛に見舞われた大名の痛みを治めたのがその起源である。

2 藩の政策としての薬販売

富山の売薬の特徴である，「先用後利」という，品物を先に預け，使った分の代金を後から回収する「置き薬」が全国に広まる。また，売薬を有力産業にするために「反魂丹役所」を設置し，業者の資金援助，他領でのトラブ

ルの解決，原料の一括購入，製品の検査などを行った。

> **考えよう** 原料の生薬は，中国や東南アジアから入手する。しかし鎖国中だったので，長崎からでないと入手できない。だが，富山藩には特別ルートがあった。それは何か（ヒントは，富山は北前船の寄港地で蝦夷から昆布が運ばれたこと）。

S：「昆布が薬の原料になるのでは」
T：『中国や東南アジアから直接購入できた理由を考えましょう』
S：「中国の国王の腹痛を救って直接購入ができた」（笑）
S：「中国人が昆布を欲しがった」
S：「昆布と薬の原料の交換」
T：『売薬さんが収集した情報や昆布を献上するのと引き換えに，富山―薩摩―琉球―中国との密輸ルートをつくり，安くで最高の原料を大量に仕入れることができました』

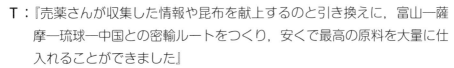

3　＋αの展開例

　売薬の仕事には「読み，書き，そろばん」が不可欠だった。富山には寺子屋が多く，そこで学んだ子どもたちが売薬人になった。また，得意先に配ったおまけの存在も大きい。四角い紙風船や売薬版画といわれる浮世絵版画の他，上得意には九谷焼や輪島塗などの高級品を進物として贈り信用を築いた。

参考文献
・JR西日本『西Navi北陸』2017年1月

14 江戸時代の貿易
グローバル化の中の江戸時代の衣食

1 歴史的な見方・考え方を鍛えるポイント

「江戸時代」は、海外のものを巧みに取り入れながら、世界の波に流されることなく、独自の発展をとげた時代だった。歴史の大きな流れを、世界の歴史を背景に、時代の特色をふまえて理解する歴史的な見方・考え方を鍛える。

2 展開と指導の流れ

1 江戸時代の日本の食

> **クイズ** 江戸時代の食糧！ 次の中で食べていないものは何？
> 大豆／海産物／さつまいも／かぼちゃ／じゃがいも／天ぷら／キャベツ

答えは、「キャベツ」のみで他は食べていた。一問一答で以下のことを考える。

- さつまいも：中南米原産で中国、琉球から日本へ
- かぼちゃ：アメリカ原産でカンボジアから日本へ
- じゃがいも：南米原産でジャカルタから日本へ
- 天ぷら：ポルトガルから日本へ

＊米と大豆（味噌 醤油）と海産物の組み合わせは日本食の原点であり、ヨーロッパにも、日本の茶やしょうゆ、アラビア半島のコーヒー、インドの紅茶、アメリカのかぼちゃ、じゃがいも、とうもろこし、トマトが入り食生活が変わった。

90

2 お茶碗はいつから……

> **❓考えよう** 日本人の多くがお茶碗でご飯を食べるようになったのは江戸時代の終わりである。それまでは何で食べていたのか。

S：「お碗で食べてた」「陶磁器も」

＊漆器と陶磁器を見せる。

T：『陶磁器はどこから輸入されましたか』

S：「中国」「朝鮮」

T：『そうです。俗称ですが，陶磁器を英語で CHAINA といいます』

T：『日本では肥前で朝鮮人の陶工により，磁器がつくられました』

S：「秀吉の朝鮮侵略で連れてこられた人たちだ」

T：『九州で生産された磁器は，オランダ東インド会社を通じて，ヨーロッパに運ばれています』

＊漆器のことを英語で何というか問う。答えは「JAPAN」（俗称）である。世界では漆の技術が日本の代表的な技術であったことがわかる。

3 ＋αの展開例

「和服を販売する店を何というか」という問いからはじめ，「呉服」の由来を考える。中国の「呉」という国に由来している。着物は東アジア共通の衣服で袴と羽織は日本独特のものである。陣羽織はポルトガルの影響を受けた着物である。日本の着物も中国（呉），ポルトガルの影響を受けながら，日本独自の形を生み出し，定着していく。江戸や当時の世界も大航海時代を背景にグローバル化していたことを確認する。

> **参考文献**
>
> ・田中優子『グローバリゼーションの中の江戸』（岩波ジュニア新書）2012年

第3章　歴史的な見方・考え方を鍛える「中世」「近世」大人もハマる授業ネタ　91

15 江戸時代の経済
日本の銀生産と経済の自立

1 歴史的な見方・考え方を鍛えるポイント

　江戸時代初期は，朝鮮，中国，東南アジア日本人町から入ってきた文物から多様な日本文化の基礎がつくられる。世界の歴史を背景に，産業の発達，社会の様子に着目し時代の特色を明らかにする歴史的な見方・考え方を鍛える。

2 展開と指導の流れ

1　外国に依存していた日本の生活

> **クイズ**　江戸初期，次のものはどこの国に依存していたか？　中国，ベトナム，朝鮮から選ぼう。
> ① 絹織物：(　　　　)　　　② 生糸：(　　　　) と (　　　　)
> ③ 香料（味付け）：(　　　　)　④ 薬：(　　　　) と (　　　　)

> **答え**　① 中国　② 中国とベトナム　③ ベトナム　④ 朝鮮と中国

＊これらの支払いには銀が使われていたことを確認する。

2　日本の銀の生産

> **クイズ**　16世紀，日本は世界の何％の銀を生産していたか。

　答えは「30％」。石見銀山を地図帳で探す。世界遺産にもなっている。

❓考えよう 南アメリカでの銀の発見で，日本にどんな影響がでるか。

S：「日本の１位の座が引き落とされる」「銀の価値が下がる」

T：『単に１位の座を落とされたというだけでなく，銀は東アジアの貿易の柱でした。南アメリカを植民地にしていた国は？』

S：「ポルトガル」「スペイン」「ヨーロッパが南アメリカの銀を手に入れた」

T：『1560年ごろから年間45万kgの銀が生産され，半分は，スペインによりマニラに運ばれ中国に入ってきます』

S：「その銀が貿易に使われて，日本も大きい影響を受けたってことか」

T：『これにより，フィリピン，タイ，ベトナム，カンボジアの日本人町の商人もポルトガルやオランダの躍進により不利な立場になりました』

3　日本経済の自立

❓考えよう そこから，日本は経済の自立を実現することになる。これも鎖国といわれた時代に自立を果たす。例えば，どんなものか。

T：『京都の織物は？』

S：「西陣織だ」

T：『他には，全国の農村で生糸を使った絹織物などです』

＊京都の西陣や，桐生などの産地を地図で確認する。

3　＋αの展開例

　教科書には「近世の特産物」が記載されている。地域の特産物から，日本経済の自立について考える。

参考文献

　・田中優子『グローバリゼーションの中の江戸』（岩波ジュニア新書）2012年

16 幕末の商業経済

二宮金次郎は
なぜ薪を背負うのか？

1 歴史的な見方・考え方を鍛えるポイント

　農林水産業の発達，手工業や商業の発達については，地域の特色を生かした事例を選んで内容を構成する。本稿では「二宮金次郎」（神奈川）と「かかあ天下」（群馬）を通じて幕末の経済を考察する歴史的な見方・考え方を鍛える。

2 展開と指導の流れ

1　二宮金次郎って？

？考えよう　江戸時代，1787年に小田原藩に生まれ，1856年に亡くなった二宮金次郎の銅像だ。この人に質問をしよう。

S：「どんな身分の人か？」
S：「ちょんまげを結っているが武士なのか」
S：「貧しかったのか」
S：「両親は何をしていたのか」
S：「なぜ学校の玄関などの銅像があるのか」
S：「尊徳という名前の由来は」
　以上の質問を踏まえ，以下のポイントを確認する。

・父は，小田原藩の領内に住む上層農民だったが，酒匂川の氾濫で困窮し，金次郎が13歳のときに死亡
・16歳のときに，母がなくなり叔父さんの家に預けられる

・身長は約180cmで，体重は約90kgを越えていたともいわれている

・金次郎は勉強が大好きで，夜も灯りをつけ勉強した。灯りのための油がもったいないので，学問をしないで働けといわれる

2　なぜ薪を背負っているのか

❓ 考えよう　どうして金次郎は薪を背負っているのか。

S：「叔父さんにいわれて山から採ってきた」

T：『これは販売用の薪なのです』

S：「へっ！　家の薪ではないの？」

T：『入会地でとれる細い枝などの薪は村の共有財産で個人が売りさばくわけにはいかないので，山林を1束3文で買いとり，そこでとれた薪を小田原で売りさばいたのです』

S：「薪ってそんなに高いの？」

T：『換金商品として付加価値の高いもので，当時の燃料代は現在の電気代の2倍以上でした』

＊金次郎は，努力家であるだけではなく，いろいろな所で社会貢献をした。関東平野各地からの依頼もあり，天領の日光や遠くの福嶋藩にまで出向く。財を元手に農民たちへ低金利で融資し，農村の再興をはかった。

3　＋αの展開例

"かかあ天下"は，上州（群馬県）の名物だ。上州の女性は養蚕・製糸・織物などの絹産業の担い手で，米作中心の男性より高い経済力があったためだ。江戸時代後期の問屋制家内工業の萌芽をこの言葉から考えさせる。

参考文献

・猪瀬直樹，磯田道史『明治維新で変わらなかった日本の核心』（PHP新書）2017年

17 政府の役割のめばえ
天明の大飢饉は天災？ 人災？

1 歴史的な見方・考え方を鍛えるポイント

　天明の大飢饉の甚大な被害の要因を，社会の変化と幕府の政策の変化などに着目して，事象を相互に関連づけ，多面的・多角的に考察する歴史的な見方・考え方を鍛える。

2 展開と指導の流れ

1 天明の大飢饉と大食い競争

フォトランゲージ　AとBの2つの絵（略）は，18世紀末のものである。それぞれ何をしているのかグループで考えよう。
　　　　　A　飢饉の惨状を描いた絵　B　大食らい競争

S：「Aは人間の腕を食べている」「串刺しにして食べている」
S：「着る服もボロボロの服を着ている」「Bは食べ物をたらふく食べてる」
S：「饅頭をめいっぱい食べてる」「デカい茶碗だ」
T：『Aは，1783年に起こった天明の大飢饉の惨状です。東北地方の盛岡藩，八戸藩の南部地方を中心に，冷害が引き金になり，100万人が餓死したといわれる大惨事です。その頃江戸では「大食らい大会」が行われ，部門は，菓子の部，飯の部，蕎麦の部，うなぎの部，酒の部があったといいます』

2 天明の大飢饉の惨状

> 📖**読む** 青森八戸の対泉院には，「餓死万霊等供養塔」にその惨状が記されている。①〜③に当てはまる言葉を考えよう。

> 　（①）月十一日の朝に雷が強く鳴って，（②）が吹き，大雨が降ってから，八月晦日の暮れまで雨が降り，九月一日，しばらくぶりで晴れた。夏の間，ずっと（③）を重ねて着なければならないほど寒かった。このため，田や畑の作物が実らず，青立ちのままだった。人々は毎日，山へ登り，わらびの根を掘り，海草や山草はもちろん，イネなどのさまざまな茎を粉にして食べたりした。(中略)翌年になると，領内すべてで収穫がなく，はやり病が流行し，多くの人が餓死し，死人が山のようであった。

🅰️**答え** ① 四　② やませ　③ 綿入れ

＊『北行日記』には「死体白骨おびただしく，前代未聞」「人を食らう者あり。人をして鬼のごとし」とある。

＊江戸は，グルメブームであり，寿司，天ぷら，かば焼き，酒，味噌，醤油，みりん，酢，大豆，塩などがよく売れていた。

3 盛岡藩がつくっていた作物

> 👥**グループ討議** 飢饉の少し前，盛岡藩は，米ではなく，ある作物を農民につくらせていた。何か。

S：「儲かる作物かな？」「綿」

S：「木綿の着物が広まっているから」

S：「たばこもみんな吸うようになったのでは？」

S：「でもたばこって鹿児島県のように暖かいところで栽培されるのでは？」

第3章　歴史的な見方・考え方を鍛える「中世」「近世」大人もハマる授業ネタ　97

S：「小麦はない」「パンやパスタは食べないから」（笑）

S：「うどんがある」「大豆は？」「豆腐かな？」

S：「飢饉に備えて腐りにくい大豆を蓄えさせたのでは？」

S：「大豆だね」

> **Ⓐ答え** 大豆

> **？考えよう** 何のために大豆をつくらせたのか？ 「大飢饉」と「大食い大会」の関係を考えよう。

S：「大豆から豆腐か醤油をつくるのでは？」「大豆を売る」

T：『どこに売るのでしょうか？』

S：「醤油をつくっている人」

T：『野田や銚子の醤油製造業者ですね。なぜでしょう？』

S：「江戸はグルメブームだから儲かる！」

T：『米づくりより大豆づくりのほうが儲かるということです』

S：「大豆のせいで米の生産が減ったってことか？」

T：『藩が大豆の生産を奨励したために，米の生産が減産されたということです。天明の大飢饉は冷害に加え，人災の側面もあったといえます』

4 米の流通と大飢饉

> **？考えよう** 東北地方以外の藩は，冷害はなく，収穫は安定しているか，中には余剰米もあった。余剰米はどうしていたのか。

S：「武士が食べていた」「大食らい競争」

S：「江戸に売った。江戸のほうが高く売れる」

T：『江戸や大坂に売るほうが高く売れるので余剰米を販売したそうです』

S：「なぜ，幕府は東北地方の藩に余剰米を送るようにしなかったの？」

S：「各藩も財政がたいへんだったから，そんな余裕はない」

T：『幕府も中央政府でありながら，諸藩から米をとりあげて被災地に送る
　　権限はありませんでした』

5　自助・共助・扶助の芽生え

？考えよう　最初，紹介した青森八戸の対泉院の「餓死万霊等供養塔」
の最後には，「あること」が書かれている。「これからは……」ではじま
る未来へのメッセージである。何と書かれているか。

S：「米以外のものをつくるのをやめなさい」
S：「全部食べるのではなく残しておきなさい」
S：「江戸での大食らいをやめさせましょう」
T：『「これからは米や穀物などを貯えておきなさい」というメッセージが最
　　後に書かれていました』
＊松平定信は，備荒貯蓄政策を奨励し，穀物の貯蔵を命じる触書を出してい
　る。蓄えられた穀物や金銭は，それを基金として困窮者への貸付が行われ，
　凶作時には放出された。共助・扶助の芽生えが見てとれる。

3　＋αの展開例

　各藩の政策についても考えさせたい。橋の修築や護岸工事などの土木行政
を推進，公園をつくり庶民の遊楽の地とされた。間引きをやめさせるために
"小児養育金制度"を創設，子どもが生まれた家には養育料として1〜2両
を支給し，困窮者には籾2俵を支給するなどした。こうした施策は社会資本
の整備を進めるとともに，雇用を生み出す効果もあった。

参考文献

・上念司『経済で読み解く明治維新』（KKベストセラーズ）2016年

第4章

歴史的な見方・考え方を鍛える

「近代」「現代」
大人もハマる授業ネタ

フランス革命

ナポレオン軍が強かったワケ

1 歴史的な見方・考え方を鍛えるポイント

「市民革命」については，フランス革命を扱うこととし，政治的な対立と社会の混乱，そこで生じた犠牲などを経て近代民主政治への動きが生まれることに気づくことができるようにする。本稿では「ナポレオン戦争」を中心に，戦争での戦略や戦術に対する「歴史的な見方・考え方」を鍛える。

2 展開と指導の流れ

1 バスティーユの牢獄

フォトランゲージ 1789年7月14日フランス革命が起こったが，まず民衆が襲撃したのはバスティーユの牢獄だ。なぜだろう。

S：「けんか好きの犯罪者を仲間にする」
S：「犯罪者は革命を起こすときの力になる」
S：「武器がある」
S：「国王に反対した人が収容されていたので，その人たちを助けるため」
S：「ルイ16世は，わがままな政治をしていたので，そのことを批判した人々が収容されていた」
T：『ここにはルイ16世の政治に批判的だった，いわゆる政治犯が収容されていましたし，武器も多く保管されていました』

2　ルイ16世とマリー・アントワネットのエピソード

　このような大事件が起こっていたにもかかわらず，ルイ16世の7月14日の日記には，「NON（何もない）」と書かれていた。狩りに行ったけど獲物がゼロだったということだ。

　生活が苦しい民衆は「パンを！　パンを！」といって牢獄を襲った。この言葉を聞いて，国王の妻であるマリー・アントワネットは，「パンがなければお菓子（ケーキ）を食べれば」といったそうである。しかし，この言葉には信憑性がなく，マリー・アントワネットはわがままで世間知らずということをイメージ化するため脚色されたのだともいわれている。

3　ナポレオンの登場

　その後，身分の特権を廃止し，人間の自由と平等，国民主権，言論の自由，私有財産の不可侵などを唱える人権宣言が発表された。国王はギロチンで処刑される（ギロチンはそれを発明した医者の名前から由来している）。

> **Q発問** 国王が処刑され共和制になると，革命が広がるのを恐れる他国がフランスに攻めてきた。これらの国々と戦争したフランス人は誰か。

S：「ナポレオン」

T：『教科書にも掲載されていますね』

S：「馬に乗っている」

T：『ナポレオンが支配した国々を地図で確認しましょう』

＊スペイン，イタリア，プロイセン，デンマーク，ノルウェー，オーストリアの場所を確認。

＊ナポレオンのエピソードとして，身長が低かったことを紹介するのも面白い（ゆえに，ナポレオンの肖像は，乗馬やイスに座っているものが多い）。

第4章　歴史的な見方・考え方を鍛える「近代」「現代」大人もハマる授業ネタ　103

4　フランス軍が強かった理由

> **❓考えよう**　なぜフランス軍（ナポレオン軍）は強かったのか。

S：「ナポレオンが統率したから」「ナポレオンならついて行こうかってところかな」

T：『ナポレオンは，どんな経歴ですか？』

S：「軍の学校とか？」

T：『パリの陸軍士官学校を卒業しています』

S：「戦争のプロか！」

T：『ですが，いくらプロでもみんながついていかなければ勝てませんよね』

S：「今まで国王に苦しめられていた人たちだからフランスを守ろうとした」

S：「人間の自由と平等を守ろうと宣言したから」

S：「それはやる気があるや」

T：『つまり，フランス軍は，革命を守ろうとする意欲があったということです』

S：「教科書に何て書いてあるかな？」

S：「戦争を進めるために，政治と社会のしくみを変更したって書いてある」

T：『キーワードは3つの語句です』

S：「徴兵制」

T：『他国は徴兵制ではないのでしょうか？』

S：「雇われた兵士」

T：『傭兵です。傭兵の戦意はどうでしょう？』

S：「やる気がない」「殺されそうになったら逃げそう」

T：『傭兵は多くの資金が必要ですね。徴兵制は多くの軍を確保できます。このように革命の理想を守るために多くの軍隊が確保されたことが勝因です』

5　ロシア遠征の失敗

❓考えよう　1804年，ナポレオンは皇帝になった。しかし，1812年，ナポレオンはロシア遠征に失敗する。ロシアに敗れた要因は何か。

S：「寒い」「広い」

S：「いくら革命っていっても，寒いとやる気をなくす」

T：『シベリアの厳しい冬に夏装備のまま戦うことになります』

S：「それは無理」

T：『広いとどういうデメリットがあるでしょう？』

S：「敵がどこにいるかわからない」

S：「多くの兵士を投入しないといけない」

T：『フランス軍は，飢えと寒さで大量に命を落とし，退却することになります。これを機に，ナポレオンは勢力を弱め，1815年にはセントヘレナ島に流されナポレオンの時代は終わります。しかし，普遍的な人権を理想に掲げるフランス革命は，その後の社会に大きい影響を与えます』

3　＋αの展開例

　ヨーロッパ諸国で，女性選挙権が獲得されたのは，概ね，第一次世界大戦後の1920年前後である。しかし，フランスで女性選挙権が認められたのは，1945年である。その理由は，ナポレオン法典によるところ大きい。夫婦の身分関係について，ナポレオン法典旧213条では「夫は，その妻の保護義務を負い，妻は，その夫に服従義務を負う」と定め，妻の夫に対する服従，依存的地位の大原則を表している。

参考文献

・クラウゼヴィッツ『まんがで読破　戦争論』（イースト・プレス）2011年

産業革命と19世紀の海運

2 マルコはなぜアルゼンチンまで行けたのか？

1 歴史的な見方・考え方を鍛えるポイント

　背景，原因，結果，影響など事象相互の繋がりに関わる視点などに着目して捉え，比較したり，関連させたりして社会的事象を捉える歴史的な見方・考え方を鍛える。本稿では，「母をたずねて三千里」のマルコの旅を可能にした「蒸気船」の意義を考察する。

2 展開と指導の流れ

1　マルコの旅

＊「母をたずねて三千里」（1886年発表）の曲を聴く。

　イタリアのジェノヴァから，アルゼンチンの首都ブエノス・アイレスまで出稼ぎに出た母から，1年間も連絡が途絶えたので13歳のマルコは「ぼくが，お母さんをさがしに，アメリカへいくよ」と汽船で出発する。

> **クイズ** マルコはジェノヴァからブエノス・アイレスまでどれくらいかかったのか。
> 　　　　　1年／150日／85日／27日

　「150日」「85日」の答えが多い。答えは「27日」。

T：『わずか27日で到着できたのはなぜでしょうか』

S：「蒸気船が発明されたから」

T：『それまでは，帆船です。季節風を利用し動力にしていたので，風向きが変わるまで，港で半年ほど滞在することもあり年月がかかりました』

106

2　蒸気による船の変化

❓考えよう 蒸気船の時代になると，船が大きくなる。なぜか。

T：『蒸気船はエンジンが必要です』

S：「そのスペースがいるから？」「そんなにエンジンって大きいの？」

T：『エンジン関係のスペースが全体の $\frac{1}{3}$ を占めています。他に船に乗せなくてはならないものがあります。何でしょう？』

S：「石油？」「石炭」

T：『石炭のスペースも必要ですね。こうして船は大型になっていきます』

3　港の変化

❓考えよう 蒸気船の登場により大型船が増えると港はどう変化するか。

S：「港が大きくなる」

T：『エネルギーの影響もありますよね』

S：「石炭を置いておかなければならない」

T：『港湾都市も巨大化し，港の規模も拡大します。港湾施設などの建設費用も膨大になり，商人だけでなく国がインフラ整備に関わってきます』

3　＋αの展開例

　マルコのお母さんがアルゼンチンへ行ったのは，19世紀のヨーロッパは人口密度が高く，賃金が安いからである。マルコの長い旅を可能にしたのは，旅費も含め支援してくれた同郷のイタリア人の援助である。

参考文献

・玉木俊明『人に話したくなる世界史』（文春新書）2018年

第4章　歴史的な見方・考え方を鍛える「近代」「現代」大人もハマる授業ネタ　107

3 イギリスのインド支配
イギリスが綿布生産国になったワケ

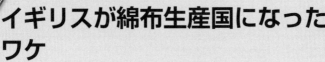

1 歴史的な見方・考え方を鍛えるポイント

　推移，比較，相互の関連などを重視しながら社会的事象の歴史的な見方・考え方を鍛える。「いつ，どこで，誰によって起こったか」「前の時代とどのように変わったか」「どのような影響を及ぼしたか」などの見方・考え方を生かした考察をおこなう。本稿では，イギリスがインドの綿工業生産を逆転した理由を，「産業革命」「奴隷」「アメリカ」「アフリカ」「交通」など多様な観点から多面的・多角的に考察する。

2 展開と指導の流れ

1 インドの綿製品とイギリス

> **クイズ** アとイに当てはまる数字は何か。
> 　そこから提供される綿布は，安価なものから，ターバンに使われる上質なモスリンなどの高価なものまで，およそ（　ア　）種類にのぼりました。（　イ　）世紀には，アラブ人などの商人を通じて販売されました。綿製品は，商人たちのニーズに合わせて，多様な商品を開発，販売することが可能だったのです。
> 　　　　　　　　（玉木俊明『人に話したくなる世界史』より一部引用）

T：『そこからって，どこからでしょう？』
S：「ターバンってあるからインド」
T：『何種類くらいあったのでしょうか？』

S：「10」「20」
T：『20種類ありました。何世紀のことですか』
S：「17世紀」
T：『そうです。17世紀といえば江戸時代初期です』
S：「へっ！　その頃，すでに20種類の綿製品をつくっていたんだ」
T：『日本では18世紀にならないとあまり綿製品はつくられていません。17世紀のうちには，インドの綿は，ヨーロッパの商人を通じて，スペインにはじまり，やがて他のヨーロッパ地域にも流入していきました』

📖読む　「ロビンソン＝クルーソー」の作家，デフォーの文章を読む。

（前略）コットンはわれわれの家のなかにも侵入し，化粧室や寝室を占領している。カーテン・クッション・いすからベッドにいたるまで（中略）インド製品が使われていないものはまずない。（中略）かつてはウールや絹でつくられていたものは，どれもこれもインド貿易によって供給されるものにとってかわられたのだ。
（玉木俊明『人に話したくなる世界史』より一部引用）

2　産業革命と綿生産

❓考えよう　次のグラフは，1771〜1845年のアジアとイギリスの綿布の流れを表したものだ。1820年頃にイギリスが逆転するのはなぜか。

S：「産業革命で機械を使い，綿織物を大量に生産するようになったのかな」
T：『どんな機械の発明があったのでしょうか？』
S：「紡績機」

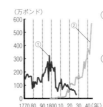

① アジア（主にインド）から西へ輸出された綿布の総額
② イギリスから東へ輸出された綿布の総額

第4章　歴史的な見方・考え方を鍛える「近代」「現代」大人もハマる授業ネタ　109

S:「織機」
S:「蒸気機関車」
T:『機械の発明によって大量生産が可能になったことが大きい理由ですね。インドの綿布を自分たちでつくれないかと思い，研究し実現したということです』

 綿生産は，1770〜1790年の20年間で約何倍になったのか。
5倍／10倍／20倍

T:『答えは約10倍です。それから12年間でその約10倍になりました。32年間で約100倍になったということですね。しかし，1820年代になってもイギリスはインドの生産を下回っていました』

3 原料の綿花は？

?考えよう イギリスの気候は寒く，綿花の栽培に適していない。どうしたか。

S:「インドから手に入れた」
S:「インドでも綿織物をつくってるから無理だよ」
S:「……」
T:『ヒントはアメリカです』
S:「アメリカで綿花の生産？」
S:「奴隷が綿花栽培していた？」
T:『アメリカはどこの植民地だったでしょうか？』
S:「イギリス」
S:「そうか！ イギリスの植民地時代に奴隷が綿花を栽培した」
T:『アメリカは，1776年にイギリスから独立しますが，それ以降も奴隷による栽培は続き，西インド諸島でも，同様の栽培が行われました』
S:「奴隷はどこから連れてこられたのかな？」

S：「アフリカ」

S：「アフリカに奴隷海岸がある」

T：『イギリスは，アフリカから新大陸に奴隷を運び，新大陸で綿花を積み，本国で綿製品をつくり，アジアで販売したわけです。これを，自国の船と港でまかなったことで，イギリスは世界を股にかける大帝国となっていきます』

S：「でも，その影には奴隷がいるんだ」

T：『いいところに気づきましたね。原料の綿花はアメリカ大陸で奴隷により栽培され，インドの手工業もイギリスの工業製品により壊滅しました』

3　＋αの展開例

　大量生産により綿製品が溢れると，売るべき市場を探さなければならない。そこで必要になるのは，軍事力である。イギリスはインドを政治，軍事力で植民地としていく。こうして，アジア物産の一方的な購入者でなくなった欧州は，その地位を逆転させる。インドにとっては，低落のはじまりであるが，これは中国にも影響を与えることを考えさせたい。つまり，インドのアヘンが中国へもたらされることによりアヘン戦争が起こる。これまで，経済的に優位に立っていたアジアと欧州の逆転現象はこうしてはじまったことを理解させたい。

参考・引用文献

・岡本隆司『世界史序説』（ちくま新書）2018年
・玉木俊明『人に話したくなる世界史』（文春新書）2018年

第4章　歴史的な見方・考え方を鍛える「近代」「現代」大人もハマる授業ネタ　111

戊辰戦争

戊辰戦争ってどんな戦争なの？

1 歴史的な見方・考え方を鍛えるポイント

　時代の転換の様子や各時代の特色を考察し，歴史に見られる諸課題について複数の立場や意見をふまえて選択・判断する歴史的な見方・考え方を鍛える。本稿では，薩長史観，敗者の史観など，様々な捉え方がある明治維新の発端となる戊辰戦争の授業を扱う。

2 展開と指導の流れ

1　戦没者から見る戊辰戦争

＊年表で戊辰戦争の時期を確認し，感情移入できる「白虎隊」の動画や歌を紹介する。

> **クイズ**　戊辰戦争，西南戦争，日清戦争の死者数はどれくらいか。
> 　ア　戊辰戦争が一番多い　　　　イ　西南戦争が一番多い
> 　ウ　日清戦争が一番多い　　　　エ　3戦争ともだいたい同じ

　答えは「エ」。戊辰戦争の死者は約1万3千人で他の戦争もほぼ同じ。日清戦争の死者は病死者が多く，戦死者は約14％であったので，対外戦争の日清戦争より激戦だったことがわかる。だが，フランス革命は，君主制打倒のクーデター，農民の反乱鎮圧，処刑の数を合わせると60数万の犠牲者が出ている。戦死者の人数にしても比較する対象により異なる。

2　大政奉還から王政復古の大号令へ

京都二条城の大政奉還が行われた部屋の写真を提示する。

> **Q 発問** この場所で政権を朝廷に返す大政奉還が行われた。徳川慶喜は家臣に何をいっているのか想像してみよう。

S：「敗戦がはっきりしているので，政権を返上しようと思う」
S：「抵抗すれば，みなさんの命が危ないので素直にいうことをきくことにします」
S：「政権を返すだけで，次の政権でも重要職につけるようにします」
T：『天皇へ政権を移しますが，旧幕府が会議などで主導権を握ろうとしていました』

> **クイズ**「王政復古の大号令」についての次の文で正しいものに○，間違いに×をしよう（グループで取り組む）。

① 徳川慶喜の政治への関与をなくす　② 慶喜の将軍職の辞職
③ 慶喜の遠島　　　　　　　　　　　④ 摂政・関白の廃止
⑤ 会津，桑名藩の京都守護職，所司代の解任
⑥ 幕府側にあった各藩の取り潰し
⑦ 神武天皇の頃にもどり，公家も武家もなかった時代に立ち返る

> **A 答え** ③と⑥以外はすべて○。

> **? 考えよう** クイズから「王政復古の大号令」とは何か考えよう。

S：「幕府関係をすべて一掃する感じ」「摂政・関白なんてまだあったんだ」
T：『幕府だけではなく，平安時代から続く摂関制もなくすということです』
S：「武士だけではないんだ」「貴族や公家もなくすってことかな」
T：『公家も武家も存在しなかった時代，つまり人々が対等な立場で話し合う社会をつくる大号令だったわけです』

第4章　歴史的な見方・考え方を鍛える「近代」「現代」大人もハマる授業ネタ　113

S:「でも幕府側が政治に関与できないってのは不満が残る」
T:『その不満がその後の戊辰戦争の原因になるわけです』
S:「会津藩や桑名藩は重要職をなくした」
T:『かなり大きい変化です。ここまで変える必要があったのでしょうか』
S:「江戸時代は幕府といっても,各藩に分かれバラバラだった」
S:「このままだったら外国にやられてしまう」
T:『国内にはこのままでは外国の脅威に対抗できないという考えがありました。天皇のもとに国内を統一しようということです』

3　江戸城無血開城

　1868年1月鳥羽伏見の戦い,8月会津戦争,1869年5月函館戦争という,3つの主要な戦いが戊辰戦争だ。1868年3月江戸城無血開城,五か条のご誓文が宣言される。

❓考えよう　鳥羽伏見の戦いで勝利した新政府軍は,西郷隆盛率いる1万の軍隊で江戸城総攻撃しようとしていた。一方,旧幕府軍数千人も江戸城に集結。一発触発の様相だ。次のイラストの西郷の言葉を考えよう。

S:「慶喜さまの命はいただきます」
S:「寛大な処置はしますが,将軍の命は……」
S:「大戦争になれば,多くの人が亡くなりますので了解しました」
T:『答えは,「いろいろ難しい議論もありましょうが,私の一身にかけてお引き受けいたしましょう」です。そして,江戸は戦火から救われました』

4 寛大な処置の背景

会津戦争，箱館戦争を経て，旧幕府軍は降伏したことを確認する。

> **❓考えよう** 慶喜や会津藩主松平容保の命は救われ，徳川家は静岡に移封とされた。なぜ寛大な処置をしたのか。

S：「日本の国をまとめようとしたから」「厳しい処置をすると，不満を残すから」

T：『なぜ国をまとめないといけないのでしょうか？』

S：「外国がいつ日本を征服するかわからないから」

T：『新政府は，「賊軍」を「皇国」に取り込もうとしました。京都ではなく，「賊軍」の影響の強い東京を首都としたのもその一つです。また，大規模な領地の没収により，浪人が大量にでるのは新政府としても困ります。もっとも大きい理由は，外国の脅威に対抗して天皇のもとに国内を統一しようということです』

3 ＋αの展開例

「敗者の歴史」についても考えさせたい。白石の地を追われた旧仙台藩士は，新しい生活の場を北海道の開拓に求めて集団移住した。札幌市白石区の区名はここからきている。また，下北の地に移住した旧会津藩士は23万石から7千石へ。会津藩士たちは，辺地に移封され，凄惨な生活を強いられた。

参考文献

・板倉聖宣，重弘忠晴『日本の戦争の歴史』（仮説社）1993年

・佐々木克『戊辰戦争』（中公新書）1977年

・三谷博『NHK さかのぼり日本史⑤幕末』（NHK 出版）2011年

第4章 歴史的な見方・考え方を鍛える「近代」「現代」大人もハマる授業ネタ　115

太陽暦

太陽暦と政府の財政事情

1 歴史的な見方・考え方を鍛えるポイント

　太陽暦，この改暦の公表は1872年11月9日だった。そして1か月後に実施している。「なぜ急にこんなことをしたのか？」という学習課題から，時期や推移，相互の関連に着目した歴史的な見方・考え方を鍛える。

2 展開と指導の流れ

1 太陽暦はいつから？

Q 発問 今使っている暦，1年365日という太陽暦は1873年から実施された。1872年12月31日が最後の太陰暦だと問題がないが，実際は1872年の12月の途中から1873年1月1日になった。さて，この日はいつか。

　25日，20日，30日，10日，15日など，様々な答えが返ってくるが答えは3日である。そこで，12月2日が太陰暦最後の日で，12月3日が1月1日になったことを伝える。

2 太陽暦による混乱

? 考えよう 1872年12月は2日しかなかった。12月2日の次は1月1日だ。とすると，大晦日の年越しそばはどうしたのか。

S：「12月2日に食べた」「2回食べたかもしれない」
T：『当時のおそば屋さんの証言によると，旧暦と新暦の2回食べたようで

116

す。庶民は，太陽暦ができても習慣的には旧暦のままでした。こうなる
と，混乱が予想されます。どんなことがあったのでしょう』

S：「友だちとの待ち合わせで日をまちがえる」

S：「仕事の取引の日も」「結婚式とか」

T：『岡山県で嫁が太陽暦で，婿が太陰暦でミスマッチした事例が残ってい
ます』

3　支払われなかった役人の給与

> **グループ討議**　1872年の12月は2日しかなかったが，この時の12月
> 分の役人の給料は支払われなかった。この給与分は新政府の政策の財源
> になった。年表を見ながら，どういう政策に使用されたか考え，話し合
> おう。

・1872年：学制によって学校をつくったり，先生を雇う

・1872年：富岡製糸場での，工場建設費用

・1872年：新橋・横浜間に鉄道をつくる費用

・1872年：郵便制度によって，郵便施設をはじめ，多くの公務員を雇う

・1873年：国立銀行を建設するお金がいる

・1873年：徴兵令では，兵隊を訓練するための費用がいる

3　＋αの展開例

　「鉄道」敷設は，文明開化の象徴として鉄道の便利さを国民に体感させる
ことで，政府が進める文明開化の有効性を理解してもらおうと考えたからで
ある。また「学制」をはじめとする文明開化の諸政策は，日本という国を強
くするためと，産業を活発にし欧米諸国においつくため，つまり「富国強
兵」「殖産興業」政策の一貫として実施された。

第4章　歴史的な見方・考え方を鍛える「近代」「現代」大人もハマる授業ネタ　117

普通選挙

多面的・多角的に
普通選挙実現を考える

1 歴史的な見方・考え方を鍛えるポイント

　背景，原因，結果，影響など事象相互の繋がりに関わる視点に着目して捉え，比較したり，関連させたりして社会的事象を捉える歴史的な見方・考え方を鍛える。本稿では普通選挙法が実現した要因を多面的・多角的に考察する。

2 展開と指導の流れ

1　おみくじと女性の選挙権

> **クイズ**　おみくじの大部分を作成している会社が山口県にある。会社名は○○道社だ。○○にあてはまる漢字を考えよう。

「山口」「正義」「九寺」「幸運」「名神」などがでてくるが正解はない。
答えは「女子」である。

> **クイズ**　どうして「女子道社」というのか。次から選ぼう。
> 　ア　女子が大部分の仕事をしているから
> 　イ　女性の自立を主張していたから
> 　ウ　創業当時，女子の社長さんだったから

アとウに集中する。答えはイ。
　男尊女卑の強い時代，神社の宮司の宮本さんは，神道には本来女性をケガレと見なす思想はなかったことから，女性神主を登用し，女性選挙権をいち

118

早く訴えた。女性の自立を主張し，その一貫として，明治39年に機関紙『女子道』を発刊した。その資金源として考えられたのがおみくじだ。

2　日本最初の普通選挙

　『静岡民友新聞』の1926年9月3日夕刊の，日本で最初の普通選挙による，浜松市議会議員選挙の写真をしめす。

> **フォトランゲージ**　何の写真か？

S：「汽車を待っているところ」
S：「何か有名な人がやってきた」
S：「でも男ばかりだ」
S：「全員着物を着てる」
S：「選挙の投票」
S：「選挙の投票に並ばないやろ」

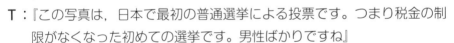

T：『この写真は，日本で最初の普通選挙による投票です。つまり税金の制限がなくなった初めての選挙です。男性ばかりですね』

> **クイズ**　この写真の記事の見出しにはどんなことが書かれていたのか？次の（　）に当てはまる漢字2文字を考えよう。
> 　「朝来の大雷雨衝いて　続々両投票場へ詰めかけ　浜松市内大（　　）」

　答えは「雑踏」である。この時の投票率は89.9％である（諸説あり）。

3　普通選挙が実現できたワケ

> **書く**　普通選挙が1925年に実現する。納税額に関係なく，すべての男子に選挙権が認められた。実現できた理由を書こう。

S：「みんな字が書けるようになったから」

S:「政治に興味を持つようになった」
S:「ラジオでいろいろ政治の動きを知ることができる」
S:「護憲運動が広がった」
S:「外国も普通選挙をするようになった」
S:「豊かな国になって納税額を制限する意味がなくなった」
S:「平等の考えが広まった」
S:「みんなが学校へ行って勉強するようになった」
S:「認めないと外国にかっこ悪いから」

4　要因を検証する

① 外国の普通選挙法はいつ成立したのか？

> **クイズ** 世界で最初に普通選挙が実現したのはどこの国か。
> アメリカ／イタリア／イギリス／ドイツ／ソ連／フランス／インド／中国

> イギリス

〈資料〉男子普通選挙の成立時期

1870	1921	1918	1919	1925	1936	1948	1949	1953
アメリカ	イタリア	イギリス	ドイツ	日本	ソ連	フランス	インド	中国

② 教育・文化の進展

> **クイズ** 次の中で，大正時代にあったものすべてに○をしよう。
> 地下鉄／通天閣／宝塚歌劇団／吉本興業／高校野球／映画／キャラメル／ライスカレー／ビール／背広／カルピス／雑誌『中央公論』

すべて○である。写真を中心に当時のものを紹介する。

＊普通選挙が実現した要因として，義務教育が徹底され就学率が90％を超え，ほとんどの人が字を読めるようになったこと，そして，新聞が急速に部数を増やし，「中央公論」などの総合雑誌も読まれていたこと，吉本や宝塚観劇に見られるように，大衆にも生活の余裕がでてきて，娯楽を楽しみ，本，新聞，映画も観るようになったことなど，教育・文化の進展も考えられる。

③ 運動の高まりと平等思想の広がり

当時の普選運動の写真や大正デモクラシーの動きを紹介する。平等思想の広がりについては，第一次世界大戦後の連合国が提唱した民主主義や，ロシア革命の成功による社会主義の考えも影響している。

3 ＋αの展開例

「なぜ普通選挙権と同じ年に治安維持法が制定されたのか？」を考えさせたい。日本とソ連の国交が樹立したことによる社会主義者の勢いを懸念したこと，また，普通選挙によって無産政党や共産主義の人が多く議員になることを防ぐ目的があった。

参考文献

・楠精一郎『大政翼賛会に抗した40人』（朝日選書）2006年

7 第一次世界大戦
毒ガスを発明したハーバーの悲劇とは？

1 歴史的な見方・考え方を鍛えるポイント

1916年に，毒ガス製造や防毒装置の開発をしたフリッツ・ハーバー博士はドイツのブレスラウでユダヤ系商人の子として生まれた。その後の不幸な運命を辿ることから，歴史に切実感を持ち，課題を設けて追究し，意見交換する学習を通じて，思考力，判断力，表現力等を養う。

2 展開と指導の流れ

1 ハーバーその後の人生！ ○×クイズ

?考えよう ハーバー博士，その後，実際に起こった事項に○をしよう。
① 人工肥料の発明は，農作物の収穫を増加させ飢餓の解決に繋げた
② 1918年にノーベル化学賞を受賞した
③ 毒ガスの開発をめぐり妻と口論が増え，妻が自殺した
④ ナチスドイツからユダヤ人迫害の対象になり，処刑された
⑤ 開発した強力殺虫剤はユダヤ人虐殺に使われた

S:「ユダヤ人だから迫害の対象になったかも……」
S:「でもノーベル平和賞を受賞した人を迫害はしないのでは」
S:「自分が開発したもので同じユダヤ人が虐殺されるのはあまりに不幸」
S:「奥さんが自殺ってことはありうる。毒ガスをめぐっての対立はある」

A答え ④以外すべて○

2 ハーバーその後の人生

　20世紀に入ると，急速に膨らんでいく人口に食料が追いつかないことが明らかになる。このままでは世界の人口の$\frac{1}{3}$が滅亡する。彼が発明した人工肥料は作物の収穫量を10倍にし，ノーベル化学賞を授与された。

　授業では，静かに次のことを語る。『第一次世界大戦がはじまると，毒ガスをめぐり，妻クララ・イマーヴァールとの口論が増える。彼女は1915年に，自宅庭にて，ハーバーのピストルで自分の胸を撃ち自殺しました』。

> **❓考えよう** ハーバーは毒ガス発明の意義についてどう考えていたのか。

S：「第一次世界大戦だから，イギリスやフランスに勝てると思っていた」
S：「毒ガスでドイツ国民が救える」「ユダヤ人のすごさを認めてもらえる」
T：『毒ガスを使って戦争を早く終わらせることは多くの人命を救うことに繋がると考えていたようです』

　静かに次のことを語る。

T：『第二次世界大戦がはじまる前の1933年にスイスに亡命し，1934年にひっそりと息をひきとる（アウシュビッツの写真を見せ）発明した強力殺虫剤は毒ガス「チクロンB」になり皮肉にも同胞虐殺に使われた』

3 ＋αの展開例

> **✏️書く** 天国のハーバーに手紙を書く。

　栄光から一転して，転落してしまったハーバーの人生に対して，一気に感情移入が可能だ。背景には，戦争のもたらす悲劇がある。

＊元立命館大学学生濱野優輝氏のレポート発表を参考に構想した。

参考文献

・宮田親平『毒ガスと科学者』（文春文庫）1996年

第4章　歴史的な見方・考え方を鍛える「近代」「現代」大人もハマる授業ネタ　123

8 アジアの植民地化
なぜタイは植民地にならなかったのか？

1 歴史的な見方・考え方を鍛えるポイント

　タイが欧米諸国からの植民地化を回避できた要因を，時期や年代，推移，比較，相互の関連に着目し，考察する歴史的な見方・考え方を鍛える。

2 展開と指導の流れ

1 なぜ植民地がほしいのか？
　東南アジアのそれぞれの国々の宗主国を確認する。

> **？考えよう** 産業革命以降，ヨーロッパの国々が植民地を求めて，海外へ進出したのはなぜだろう。

S：「でかい国になりたいから」
S：「支配地域が広がり，たいへんだと思うけど」
S：「植民地にいいものがある」
S：「ものや原料，材料を求めて植民地にしたってことか……」
T：『インドは綿花が取れるから綿織物工業の材料を求めて進出したということです』
S：「働く人もほしかったのでは……」
T：『ヨーロッパでは産業革命以降，機械化により，大量生産が行われます。そして，市場を求めて海外へ進出していきます』

2　なぜタイは植民地にならなかったのか？

> **？考えよう**　タイは，なぜ東南アジアで唯一植民地にならなかったのか。

T：『タイは，三角州にあり土地も肥沃で，港もあり，植民地にするにはなかなかいい国だと思いますが……』

S：「国王を中心に抵抗したから」

T：『抵抗がキーワードになっていますが，確かに，植民地にされない外交は大切ですね。再度，植民地を求める理由は，何だったでしょうか？』

S：「ものを売りたい」「資源がほしい」

T：『貿易ができたら植民地にしなくてもいいということです。地理的条件だけでなく，国王を中心に国がまとまっていたこともその要因です』

S：「貿易ができる条件が整っていたってこと？」

T：『"近代化" が不十分な国々は，貿易がしにくいので，植民地にして力ずくでも国のあり方を変えようとするわけです。もう一つ，タイの周りの国々は，どこの国の植民地でしょう』

S：「イギリス」「フランス」

T：『そうです！　当時，ヨーロッパで力のある大国が周りの国を支配していました。この二国がタイを植民地にしようとしたらどうなりますか？』

S：「戦争」

T：『イギリスとフランスは衝突をさけるため，タイを緩衝国とする条約を結びました』

3　＋αの展開例

　幕末に，日本が欧米列強諸国の植民地にならなかったのも，天皇中心の国家をつくったことと，憲法や議会の開設，刑法，民法，商法などの法整備を行い近代国家を短時間のうちにつくったことに起因している。

第4章　歴史的な見方・考え方を鍛える「近代」「現代」大人もハマる授業ネタ　125

9 満州事変
リットン調査団の提案を受け入れるべきだったか？

1 歴史的な見方・考え方を鍛えるポイント

　歴史に関わる事象の意味・意義や特色，事象間の関連を説明したり，課題を設けて追究したり，意見交換したりするなどの学習を重視して，思考力，判断力，表現力等を養う。本稿では，「アジア太平洋戦争を回避する可能性は近代史のどの時点なのか」を考察する。また，満州事変後の「リットン調査団報告を，日本は受け入れるべきだったかどうか」の意見交換から，歴史の分岐点を問う。

2 展開と指導の流れ

1 定期テスト問題とその回答

　定期テストで，「アジア太平洋戦争を回避する可能性はあったのか？　あるとすれば，日本近代史のどの時点なのか？　あなたの考えを書きなさい」という問題を事前通告で出題した。以下はその回答の一例である。

① この戦争はしかたなかった

　大東亜戦争のとき，アメリカなどに対抗する力を持っていたのはアジアでは日本だけだと思う。負けるとわかっていたが，アメリカやイギリスと戦争をした結果，アジアは解放された。この戦争はしかたなかったと思う。

② 富国強兵がまちがい（略）

③ ドイツの考え方を取り入れたのがまちがい（略）

④ 日露戦争で気づくべき

　日露戦争は勝てたけど，多くの死傷者をだし，戦後は増税して国民の生活

は苦しかった。そんな状況を見て，戦争は百害あって一利なしと気づく人は
いなかったのか！

⑤ 第一次世界大戦でやめるべきだった

　この戦争で日本はいい目をしすぎました。とくに，ひどい要求をだした中
国への21か条です。このようにいい目をするから何回も戦争するのだと思い
ます。

⑥ 恐慌に対する対処のまちがいが戦争に繋がった

　日本が世界恐慌の影響を受けて満州に手を出したのが誤りだと思う。アメ
リカのように公共事業を起こして恐慌を乗りきっていたら，それに続く満州
事変や太平洋戦争は起こっていなかったのではないかと思う。

⑦ 満州への侵略が他国の怒りを買った

　満州国は他の国も認めていないので対立も多くなった。満州は戦争の位置
的にも重要な地点で日本はほしかったが，ここでリットン調査団の提案を受
け入れ，満州は放棄すべきだった。

⑧ 軍部の台頭をおさえるべきだった（略）

⑨ 国際連盟の脱退がまちがい

　日本はこのとき韓国を植民地にし満州でもそれなりの権益を持っていまし
た。でしゃばったり，欲張ったりしなければ「支配する側」と認識されてい
た日本は他国から植民地の標的にならないでそれなりの地位を保てました。
何より，「世界平和を守る」ことを意義とする国際連盟をないがしろにする
のは，自分勝手と他国から目をつけられてもしかたないことです。

⑩ 中国が抵抗しているときにあきらめるべき（略）

⑪ 日独伊三国同盟を結んだのがまちがい（略）

⑫ 東南アジア侵略がまちがい（略）

⑬ アメリカの石油輸出禁止にしたがうべきだった（略）

⑭ ハルノートを受け入れるべきだった

　ハルの通告を受け入れればよかったと思う。その内容は「中国・満州から
の撤退」「三国同盟破棄」という日本にとっては難しい要求ではあるが，そ

第4章　歴史的な見方・考え方を鍛える「近代」「現代」大人もハマる授業ネタ　127

れを受け入れていればアメリカとの戦争は回避できたと思う。そのことによって欧米との平和維持ができることができる時代に変わったと思う。

⑮ 真珠湾攻撃はすべきじゃなかった（略）

＊20類型の意見がでたが本書では省略して提示した。⑦⑨をめぐり意見交換が行われた「リットン調査団の提案」をめぐる議論について，下記に紹介する。

2　リットン調査団の提案を受け入れるべきか？

グループ討議　満州事変の後，イギリスのリットンが調査に行きますが，この提案を受け入れていれば，その後の戦争はなかったのではという意見について考えよう。

S：「イギリスも植民地がいっぱいあったから，満州国も，まあしかたがないかと思ってくれていたのでは」

S：「調査団は，鉄道の爆破を日本がやったから，満州国は認められないといっていた」

＊リットン調査団報告書の数ポイントを紹介する。

　① 満州事変は日本の自衛行為ではない

　② 民族自決によって満州国はつくられていない

　③ 満州国における日本の利益の承認

　④ 満州における政府は，中国の主権が認められるとともに，広範な自治が確保された形に改変される必要がある

S：「満鉄爆破は認めないってことを強調している」

S：「でも満州国における日本の利益を承認するってことは，鉄道や鉱山なども認められるってことだ」

S：「でも，中国の主権を認めるってことは，満州国は認められないから，これまでの苦労はどうなるって感じだから受け入れるのは無理」

T：『これまでの苦労ってどんなことですか？』

S：「満州は日露戦争に勝って領有を認められたのに放棄しろというのはキ
　　ツイ」

S：「日露戦争は国民も重税で苦しい思いをしたのに，満州から撤退したら
　　国民の反発もある」

T：『リットン調査団の報告を受けた後の，国際連盟の脱退はどうでしょう
　　か？』

S：「正しい指摘をされているのに国際連盟の脱退をしたらダメ」

S：「これで日本は世界から孤立した」

S：「常任理事国だったのに，これはダメ」

＊日本側は，リットン報告書に対し，２つの点で同意できないとしている。

・関東軍の軍事行動は自衛の措置ではないというのに対して，日本側は，こ
　れは自衛の行使だと主張する。

・満州国は，自発的な独立活動によって出現したものであると主張する。

3　＋αの展開例

　リットンは，日本訪問中，国際連盟の事務次局長新渡戸稲造にも会ってい
る。「太平洋の架け橋になりたい」といい，連盟では文化を通じて世界の協
調に奮闘した人物である。また，リットンは犬養毅とも会っている。犬養は
満州国が建国されたとき，日本政府としては承認するつもりはないといい，
軍部の怒りを買い，五・一五事件で暗殺されている。リットンは，このよう
な日本の現状も感じていたので，あまり厳しい提案をしないよう配慮した面
もあったようである。以上の背景や，五・一五事件との関係を含め考えさせ
たい。

参考文献

・加藤陽子『戦争まで』（朝日出版社）2016年

第4章　歴史的な見方・考え方を鍛える「近代」「現代」大人もハマる授業ネタ　129

10 沖縄戦
沖縄戦を住民とともに歩んだ知事

近代/現代

1 歴史的な見方・考え方を鍛えるポイント

　社会，文化の発展や人々の生活の向上に尽くした歴史上の人物から，歴史的な見方・考え方を鍛える。本稿では，戦争と平和の観点から沖縄戦を住民とともに歩んだ島田叡をとりあげ，沖縄戦について考える。

2 展開と指導の流れ

1　島田叡って？

　1901年兵庫県須磨の開業医の長男として誕生。東京帝国大学（東大）に入学。野球部のスター（外野）で，東京ドームにある「野球殿堂博物館」にも名前が刻まれている。東大卒業後は，内務省に入省。1945年1月の時点では，大阪府内政部長（現在では副知事クラス）であった。

2　沖縄県知事にならないか？

　1945年1月10日，沖縄県知事人事について島田に打診があった。

> **？考えよう**　君だったら，打診に対してどう返答するか。

S：「家族を残して行くことは無理です」
T：『「沖縄がたいへんだ！　君は公僕だろう」』
S：「大阪でも空襲がある可能性があるので，ここで仕事をしたい」

130

Ｔ：『「それは我々含め残ったもので対処する」』

Ｓ：「遠方なので……」

Ｔ：『「非常事態に何を！」』

＊島田さんは，「妻子もいることだし，断ってもいいんだぞ」といわれたが，「俺が行かなんだら，誰かが行かなならんやないか。俺は死にとうないから，誰か行って死ねとは，よう言わん」と引き受けた。

３　当時の沖縄のようす

　1944年「十・十空襲」があり，那覇市市街地の約90％が焼失，死者約550人，負傷者約700人であった。米軍の上陸も確実で，人々は不安におののき，国や県の統制により娯楽が禁止され，食料も不足がちで，配給制だった。また，沖縄では方言が禁止され，学校では，方言を使えば「方言札」を首にかけさせられた。

> **グループ討議** このような状況下で君が知事だったらどうするか。

Ｓ：「方言を許す」

Ｔ：『沖縄方言はほとんどわからないので，政府はスパイの危険性があるとして禁止していたが，方言を使うことを許可しました』

Ｓ：「食料の補給」

Ｔ：『台湾と交渉し450ｔの米を入手しました』

Ｓ：「逃げるよう指示する」

Ｔ：『疎開ですね。人口課を設置し，本島北部に約15万人，県外に約７万３千人を疎開させたといいます』

４　沖縄戦がはじまった

1945年３月26日　慶良間諸島に米軍上陸

　　　　４月１日　沖縄本島に米軍上陸

　　　　４月16日　米軍，沖縄本島北部をほぼ制圧。伊江島で大規模な戦い

第４章　歴史的な見方・考え方を鍛える「近代」「現代」大人もハマる授業ネタ　131

島民は，ガマと呼ばれた壕への避難を余儀なくされた。避難壕に移り住んだ島田は，百数十人の島民と生活をともにした。壕の拡張，改善作業には島田自ら率先して参加する。

> **❓考えよう** 1945年4月27日，壕の中で行われた県下市町村長・警察署長会議で島田知事が語った言葉は何か。
> ア 我々は公僕である。まずは住民の命を救うことを優先してほしい
> イ ここで勝利しないと本土決戦になる。踏ん張ってほしい
> ウ 敵を見たら必ず打ち殺すというほどの敵愾心で望んでほしい

答えは「ウ」。公的な場面では，"鬼畜米英"的考え方であった。

5　沖縄戦その後

5月12日　現在の那覇市周辺で戦闘　5月22日　首里を捨て南部に撤退
5月25日　〈内務省への最後の電報〉

> 60万県民は真っ黒な壕で生きている。この決戦に敗れて，国の安泰はもう望むことはできないと思うので，県民ともに頑張って戦う。

5月25日，島田は壕をでた。道中，島田が見た光景は，戦いに追われ逃げる県民の悲痛な姿であった。サトウキビを杖に足を引きずっている老人。泥んこの道を這っている者。至るところに散乱する死体には，誰もが不感症になっていた。しかし，島田は立ち止まっては死体の前で祈りを捧げた。

6　沖縄戦の最終局面

5月31日　米軍，首里を占領
6月23日　牛島司令官自決（沖縄戦の組織的な戦闘が終わる）

> **❓考えよう** その後，島田はどうなったのだろう。

S：「食べるものがなく餓死した」
S：「米軍に殺された」「自決した」

T：『どうして亡くなったのかは不明で，今も沖縄県民は彼の遺骨を探して
　　います』

＊静かに，以下のことを伝える。

　島田が沖縄県知事として在任したのはわずか5か月である。だが，島田に
よって沖縄県民約20万人が救われた。島田知事の一言で命拾いをした沖戦戦
の語り部，山里和江さんは次のように語っている。「もし日本が戦いをしか
けて戦争になった場合は，絶対，軍に協力しないで下さい。人を殺すより逃
げたほうがいいです」と。今も沖縄の高校野球新人戦には「島田杯」の名が
冠されている。

3　＋αの展開例

島田さんへのメッセージを書かせる。

> 　戦時中，「自分しかいない」という考えを持ち，勇敢に立ち向かう姿
> はあっぱれです。20万人の県民を救っていただきありがとうございまし
> た。「日本国のため」「日本国のプライド」よりも「県民第一」に考えた
> あなたの行動はとても素晴らしいです。今も，島田さんの遺骨を探して
> いる人がいっぱいいます。

＊本授業は元近畿大学学生屋宜宜隆氏の模擬授業を参考に構想した。

15年戦争

戦争の"いつ"を記憶するか？

1 歴史的な見方・考え方を鍛えるポイント

　歴史的分野の学習対象である社会的事象そのものが多様な側面を持つ。様々な角度や，いろいろな立場から追究することが大切だ。本稿では，日本とドイツの"戦争の記憶"をキーワードに歴史的な見方・考え方を鍛える。

2 展開と指導の流れ

1　日本の戦争におけるメモリアルデー

> **Q発問** 1931年の満州事変から1945年の15年間，日本は「戦争の時代」であった。次の①〜④は何があった日か。
> 　　　①　6月23日　　②　8月6日　　③　8月9日　　④　8月15日

　答えは，①沖縄戦終了，②広島原爆投下，③長崎原爆投下，④終戦である。

2　ドイツの戦争におけるメモリアルデー

> **クイズ** ドイツでは次の①と②の日が戦争におけるメモリアルデーとなっている。さて，どんな日なのだろう。グループで取り組もう。
> 　　　　　　　　①　1月27日　　②　1月30日
> ア　ヒトラーが政権をにぎる　　　　　　　　イ　ポーランドの侵攻
> ウ　不可侵条約をやぶりソ連に侵攻　　　　　エ　パリを占領
> オ　アウシュビッツが連合国によって解放された　カ　ヒトラーの自殺

S：「ヒトラーの自殺では」「戦争がはじまったポーランド侵攻では」

T：『答えは①はオ，②はアです。アウシュビッツが連合国によって解放された，1945年1月27日と，ナチス内閣が発足した1933年1月30日です。日本とはどこが違いますか？』

S：「日本は戦争終結に関する日」「こんな被害を受けましたって日」

T：『ドイツは？』

S：「ユダヤ人への虐殺が終わった日」

S：「戦争をはじめるきっかけになったヒトラー政権誕生の日」

T：『日本のメモリアルデーは，被害の記憶と戦争が終わった日，ドイツは加害の記憶とはじまった日です』

3　日本のメモリアルデーを再考しよう

グループ討議 ドイツのメモリアルデーから考え，日本のメモリアルデーは，いつがいいか3つの日を考えよう。

以下のような意見が出た。

・敗戦の8月15日　　・広島への原爆投下の8月6日
・太平洋戦争がはじまった12月8日
・日中戦争の加害という観点から7月7日
・南満州鉄道爆破の9月18日

3　＋αの展開例

本稿では，日本とドイツの事例を考えたが，中国や朝鮮の側で考えてみると，15年戦争がさらに多様に考えられる。

参考文献

・伊藤剛『なぜ戦争は伝わりやすく平和は伝わりにくいのか』（光文社新書）2015年

第4章　歴史的な見方・考え方を鍛える「近代」「現代」大人もハマる授業ネタ　135

12 戦後の政治と外交
東京オリンピックから核実験まで

1 歴史的な見方・考え方を鍛えるポイント

1960年代から70年代の日本と世界の歴史学習である。「アフリカの独立」「東京オリンピック」「ベトナム戦争」「日中国交正常化」「核実験」など個々の知識理解のみではなく、それぞれの事項の背後にあるもの、その関係性を追究する学習を通じて歴史的な見方・考え方を鍛える。

2 展開と指導の流れ

1 オリンピック聖火と戦後社会

1964年東京オリンピックの聖火の経路から戦後国際関係を学習する。

聖火の経路を白地図に書く。

「アテネ」から「ラングーン」「バンコク」「クアラルンプール」「マニラ」「香港」「台北」を経て「沖縄」そして「東京」へ。これらは第二次世界大戦で、日本が侵略した国々だ。平和国家日本をアピールするために聖火の経路とした。

> **?考えよう** 日本が侵略した国々で、抜けている国がある。どこか。

S：「北朝鮮」「韓国」「中国」「ベトナム」
T：『なぜ、これらの国々を通ることができなかったのでしょうか？』
S：「仲が悪かった」「日本を批判していた」
T：『戦争が終わって、まだ20年ほどで国交が回復していなかったのです』
＊年表で国交が回復した年代を調べる。

1965年　日韓基本条約

1972年　日中共同声明

1978年　日中友好平和条約

T：『北朝鮮は？』

S：「いまだに国交が回復していない」

T：『ベトナムは，別の理由で聖火が通れませんでした』

S：「戦争していた」

T：『1965〜1975年（諸説あり），ベトナムは南北に分かれて戦争をしていました』

2　開会式と閉会式で国名が違った国

❓考えよう　東京オリンピックで，開会式（10月10日）のときは「北ローデシア」で行進していたのが，閉会式（10月24日）では「ザンビア共和国」になった。なぜ国名が変わったのか。

S：「国王が変わった」「ローデシアから独立した」

T：『ザンビアはポルトガルとイギリスが統治していました。1960年の"アフリカの年"に独立運動が起こり，1964年10月24日に独立が決定しました』

＊聖火の経路という興味を持ちやすいことから，当時の国際関係が垣間見える。聖火最終ランナーの坂井義則は，1945年8月6日原爆が投下された日に広島県三次市で生まれた。"平和の象徴"といえるだろう。また1960年代は「アフリカの年」といわれ，多くのアフリカの国々が独立したことも，"平和の象徴"的な出来事である。

3　アメリカと日本，中国との国交回復

　1972年2月，アメリカのニクソン大統領は突然に中国を訪問し，米中共同声明を発表する。それまで両国は敵対関係にあったが，79年には国交は正常

第4章　歴史的な見方・考え方を鍛える「近代」「現代」大人もハマる授業ネタ　137

化した。

> **?考えよう** なぜ1972年に米中は急接近したのか？ 次の事項からグループで考えよう（まず地図帳で場所を確認する）。

1959年　チベット動乱
1962年　中印国境紛争
1965〜1975年　ベトナム戦争
1966〜1976年　中国文化大革命
（中国国内での権力闘争）
1969年　中ソ国境紛争

S：「中国はトラブルが多い」
S：「ソ連やインドとも国境をめぐり対立している」
S：「チベット動乱ってのは？」
S：「少数民族の反乱では？」
S：「中国には少数民族が多いからね」
S：「アメリカの理由は」
S：「ベトナム戦争で中国を味方につけないと」
S：「冷戦ってソ連，中国とアメリカの対立じゃなかったかな？」
T：『1970年代は，むしろ中国とソ連の対立のほうが大きいです』
S：「中国は，国内も文化大革命でもめているし，国外でもソ連と対立していたからアメリカと接近したってことだ」
T：『なので日本とも1972年に日中共同声明が出されました』

4　インドとパキスタンの核実験

> **?考えよう** そして1974年にインドが核実験を行い，世界で6番目の核保有国になる。なぜこの時期に核兵器を保有する必要があったのか。

S：「中国とのトラブル」

T：『1962年には国境をめぐり中国と軍事衝突を起こしています。インドは中国だけではなく別の国とも対立していました。どこの国でしょう？』

S：「ソ連」「イギリス」「日本」

T：『かなり適当ですね（笑）。実は隣のパキスタンです』

S：「もとは一緒だったのでは？」

T：『インドはヒンドゥー教，パキスタンはイスラム教で，主に宗教の違いにより分離しました。そこでインドはどこの国と仲良くなったのでしょうか？』

S：「アメリカ」「ソ連」

T：『インドは，中国と対立していたソ連との友好条約を1971年に結び，1974年に核実験に成功しました。パキスタンは？』

S：「核兵器を持っている」

T：『1998年にインドが核実験を再開し，パキスタンも核実験を行い，核保有国になります』

3　＋αの展開例

「国交回復」「核実験」などの事象は，パワーバランスや複雑に絡み合った時代背景，国際情勢から生起する。以上のような歴史的事項を紐解く見方・考え方を育てることが大切である。北朝鮮の核実験や南北首脳会議，米朝首脳会議などをパワーバランスから考察することも可能である。

参考文献

・関真興監修，三城俊一著『なぜ，地形と地理がわかると現代史がこんなに面白くなるのか』（歴史新書）2017年

13 戦後経済史

キャッチコピーといす取りゲームから戦後経済史を見る

近代/現代

1 歴史的な見方・考え方を鍛えるポイント

社会的事象を，時期，推移などに着目して捉える。本稿では，戦後経済史を「キャッチコピー」と「いす取りゲーム」から捉え，戦後経済を大観する。

2 展開と指導の流れ

1 キャッチコピーと経済史

❓考えよう 次のキャッチコピーは，ア〜エのいつ頃流行したものか。
① 24時間働けますか　② じっと我慢の子　③ お口の恋人
④ うさぎ小屋　⑤ 亭主元気で留守がいい　⑥ 派遣切り
ア 高度経済成長／イ 低成長／ウ バブル／エ 現在の貧困

Ⓐ答え ① ウ　② イ　③ ア　④ イ　⑤ ウ　⑥ エ

① 1989年のリゲインのキャッチコピーでバブル期の男性の働き方を象徴
② 1973年で，不景気を我慢し好景気まで頑張ろうというメッセージ
③ ロッテガムのキャッチコピーである。「恋人」とは，ゲーテ作「若きウェルテルの悩み」の中で登場する「シャルロッテ」からつけられた
④ 1979年の日本の小さい家を象徴したキャッチコピー
⑤ 1986年の金鳥ゴンのキャッチコピー
⑥ 2008年，リーマンショック後の不景気による，非正規労働者失業問題

2　いす取りゲームで経済状況を大観

・1回戦　高度成長期

＊5回程度くりかえす（いす2つに◎の紙が貼ってある。全員が座れるいすがある）

音楽が流れる。◎の位置に座った生徒（10点），それ以外（5点）。

・2回戦　石油危機の低成長期

＊3回程度くりかえす（いすを2つ撤去する）

音楽が流れる。いすに座れなかった生徒（－5点），それ以外（2点）。

・3回戦　バブル期

＊2回程度くりかえす（いすをもとにもどす。いす10個に◎の紙）

音楽が流れる。◎の位置に座った生徒（20点），それ以外（10点）。

・4回戦　格差貧困期

＊いすを5つ撤去する。いすに貼った◎の紙も取り外す

音楽が流れる。いすに座れなかった生徒はゲーム終了。座った生徒は，それぞれ（1点）。いすを2つづつ撤去し5回繰り返す。座れなかった生徒はゲーム終了。座った生徒は，それぞれ（1点）。

＊座れなかった生徒が，いわゆる失業者であり，絶対的な働く場所がないことから貧困や格差が起こることを確認する。

3　＋αの展開例

　プロ野球球団の変遷から戦後経済史を考えるのも面白い。IT関係の球団スポンサーは，ソフトバンク，DeNA，楽天である。電鉄会社からスーパー，そして，IT企業と日本経済を担う企業が変わってきたことを調べる。

14 戦争と平和

戦争シナリオのつくられ方

1 歴史的な見方・考え方を鍛えるポイント

「戦争」と「平和」，私たちはどちらを選択するかと聞かれたら，100％「平和」だろう。だが，世界から戦争はなくならない。戦争をはじめるのはたいてい権力者だが，それを拡大させていくのは，私たちの大衆心理である。どのように戦争に巻き込まれていくのか？　そのシナリオのつくられ方を考え，歴史的な見方・考え方を鍛える。

2 展開と指導の流れ

1　15歳クウェートの少女ナイラの証言

イラクがクウェートに侵攻してから2か月後，1990年10月10日。ワシントンの連邦議会で公聴会の少女の証言。

> 私は病院でボランティアとして働いていましたが，銃を持ったイラクの兵隊たちが病院に入ってきました。そこには保育器の中に入った赤ん坊たちがいましたが，兵士たちは赤ん坊を保育器の中から取り出し，保育器を奪って行きました。保育器のなかにいた赤ん坊たちは，冷たいフロアに置き去りにされ，死んでいきました。

グループ討議　この証言はイラク占領下にクウェートから脱出してきた一人の少女の証言である。この証言から考えたことを交流しよう。

S：「赤ん坊の保育器を奪うってひどい」

S:「戦争中だといっても，イラク兵はひどすぎる」

S:「15歳といえば私たちと同じ年齢。一生立ち直れない」

S:「イラクと戦ったアメリカの気持ちがわかる」

T:『この証言は，メディアを通じて，全米に報じられました。アメリカ人
　　は，どう思ったのでしょう』

S:「イラクとの戦争だ」

S:「クウェートへ侵攻したイラクが悪いのだから攻めないと」

2　かわいそうなゾウ

Q発問 アジア太平洋戦争の日本においても"かわいそうなゾウ"とい
うお話があった（知っているか問う）。

S:「動物園でゾウが殺された」

T:『なぜ殺されましたか？』

S:「空襲になり檻が破れたら，住民に被害がでるから」

S:「ライオンやクマもたいへん」

T:『空襲になり住民に被害がでないよう，仕方なく動物園の動物を殺した』

＊当時の子どもの作文を紹介する。

　　物心つく頃から，絵本や雑誌にでてくるライオン，トラ，クマ，ゾウ
　などの動物にどんなに心を引かれたことでしょう。ところが，昨夜の新
　聞で見た文章は，見るに忍びなかったのです。（中略）戦いのためとは
　言いながら本当にかわいそうです。　　　　　　（小堀俊夫氏実践より）

グループ討議 この後の文章を想像しよう。

S:「戦争はやはりダメだと思います」「それは，今の言葉だろう」

S:「ちゃんと葬られているのかな」

S:「天塩にかけて育ててきた動物園に人が気の毒」

第4章　歴史的な見方・考え方を鍛える「近代」「現代」大人もハマる授業ネタ　143

＊この続きを紹介する。

T：『「これらの動物たちを殺させた米・英を討たねばなりません。軍人を志望している僕です。戦場でこの殉国動物の仇討ちをしてやりたいと思います。そうすれば，僕を喜ばせてくれた動物も喜んでくれると思います」（小堀俊夫氏実践より）』

S：「なるほど，そっちのほうに行くんだ」

T：『そっちってどっちですか？』

S：「殺された動物がかわいそうだから，アメリカという敵を討つ」

S：「うまいことやるな」

3　ナイラ証言を再考しよう

❓考えよう　最初に紹介した"ナイラ証言"と"かわいそうなゾウ"は，どこか似ていないだろうか。

S：「戦争を推進するためにうまく利用している」

S：「人ってある意味優しいから，残酷なことを伝えられるとやらなきゃと思う」

T：『そうですね！　こうして，戦争へ協力していくわけです』

S：「でも，別にうそをついているわけではないし……」

T：『実は……実は，ナイラ証言はつくられた物語だったのです』

S：「うそっ！」

T：『アメリカのある PR 会社でつくられた作品です。依頼主は，"自由クウェートのための市民運動"と名乗る団体で，その資金の95％はクウェート政府から出されています』

S：「ナイラは？」

T：『アメリカ育ちのクウェート人でした』

S：「へっ！　ショック！」

T：『いきなりイラクから侵攻されたクウェートが国際世論を味方につけた

144

いという気持ちはわかりますが，こんな方法での世論操作はいけないで
　すよね』
S：「僕も，本当だったらイラクはけしからんって思っていた」
T：『こうして，戦争という"絶対悪"にも引き込まれていくのです』

4　戦争プロパガンダの法則

　伊藤剛は，『戦争プロパガンダ10の法則』（アンヌ・モレリ）を4つのシナ
リオにまとめている。少し説明を行う。

・平時における「国家の前提」
　　1　われわれは戦争をしたくはない
・新しい前提のための「大義の創出」
　　2　しかし敵側が一方的に戦争を望んだ
　　3　敵の指導者は悪魔のような人間だ
　　4　われわれは領土や覇権のためではなく，偉大な使命のために戦う
・好ましい「戦況の演出」
　　5　われわれも誤って犠牲を出すことがある。だが，敵はわざと残虐行為
　　　におよんでいる
　　6　敵は卑劣な兵器や戦略を用いている
　　7　われわれの受けた被害は小さく，敵に与えた被害は甚大
・圧倒的な「世論の形成」
　　8　芸術家や知識人も正義の戦いを支持している
　　9　われわれの大義は神聖なものである
　　10　この正義に疑問を投げかけるものは裏切り者である

5　どんなプロパガンダか？

グループ討議　次の①～⑧の文は，上の1～10のどのプロパガンダ
と関係が深いか考えよう。

第4章　歴史的な見方・考え方を鍛える「近代」「現代」大人もハマる授業ネタ　145

① 「朝鮮は独立国であるのに，清国は自分の属国だといって（中略）日本の権益が侵され，東洋の平和があやうくなったので朕はやむをえず戦う」（日清戦争）

② 「私は，フランス・ドイツ両国の間に起こりうるあらゆる紛争の可能性を取り除くべく，全力で努力してゆく所存です」（ドイツ，ヒトラー）

③ 「ぜいたくは敵だ！」（1940年）「欲しがりません 勝つまでは」（1942年）

④ 「たがいに利益尊重のもと緊密に連携してその経済発展をはかり，大東亜の繁栄を推進する」（1943年，大東亜共同宣言）

⑤ 「東太平洋の敵地根拠地を強襲」「米空母二隻撃沈」（ミッドウェー海戦を報じた日本の新聞）

⑥ 「私は死ぬ時には，敵にも味方にも聞こえるような声で，大日本国帝国万歳と叫ぼうと思った。（中略）又も故国のことが思われて，胸がいっぱいになり，涙が出そうになった」（火野葦平『麦と兵隊』社会批評社，1938年）

⑦ 「イラクは，大量破壊兵器を持っているか持とうとして開発している」（イラク戦争）

⑧ 「我々のテロに対する戦いはアルカイダを相手にはじまるが，（中略）世界中のすべてのテロリスト集団を発見し，その行動を止めさせ，そして打倒するまで続く」（2001年9月20日，ブッシュ大統領）

〈討議例（略）〉

S：「②のヒトラーは1だ。ヒトラーも最初はこんなことをいってたんだ」

S：「①の日清戦争も1かな？」「朝鮮の独立のためだから4ともいえる」

S：「④の大東亜共栄圏は，4だね。アジアをヨーロッパから解放するって名目で戦争した」

S：「⑧のテロとの戦いは3，4，5，6のすべてを含んでいる」

S：「でもテロとの戦いといわれるとオッケーになりそう」

S：「敵は悪魔のようだといわれると，つい納得しちゃうから」

S：「⑤の新聞報道は7だわ」

S：「こんなのを毎日流されていたら，ホントに勝ってると思う」

S：「8の芸術家や知識人が賛成してるってのはヤバい」

S：「音楽家とか画家なんかは中立って思うから」「⑥は8だわ」

S：「⑦は6だね。確か，大量破壊兵器はなかったってことだね」

S：「日本もアメリカに協力したっけ」

＊順に，どのプロパガンダと関係しているかを書き，黒板に貼りつける。意見の異なるグループについては，若干の意見交換を行う。

3　＋αの展開例

　プロパガンダとは，特定の思想や考え方を誘導する意図を持った宣伝行為のことである。過去における戦争はもちろん，現代の戦争においても情報操作を行い，戦意高揚が行われている。これを見抜く眼を培うために，現代の戦争についても「戦争シナリオ」のつくられ方を学びたい。

＊本授業の一部は，歴史教育者協議会編『明日の授業に使える 中学校社会科 歴史』（大月書店）より，小堀俊夫氏の実践を参考とした。

参考・引用文献

・伊藤剛『なぜ戦争は伝わりやすく平和は伝わりにくいのか』（光文社新書）2015年

・酒井啓子『9．11後の現代史』（講談社現代新書）2018年

・歴史教育者協議会編『明日の授業に使える 中学校社会科 歴史』（大月書店）2013年

あ と が き

　改めて「見方・考え方」とは何だろう？「13歳で結婚，14歳で出産，恋は，まだ知らない」。貧困の中で，過酷な人生を送っている途上国の女の子に「毎日」起こっている現実である。卒業前に，日本の女の子が，好きだった男の子の「第二ボタン」を懇願する淡い恋心がある。これは，戦時中に，出征する若者たちが戦場への旅立ちの日に，一番大切な人に思いを伝え形見として軍服の第二ボタンを渡していたことに由来する。第一ボタンを取るとだらしないが，第二ボタンだとわかりにくく，敬礼のときには手で隠れるためだといわれている。淡い「恋心」を通して，また「同世代」の若者から，世界と戦時中の“ほろ苦く”も“痛ましい”事実が心に沁みわたる。「見方・考え方」とは，こんな事実から学び，他者との対話の中で，感性や認識を鍛えていくことではないだろうか？

　本書は，以上のような視点から「見方・考え方」に関する実践事例やプランを提案したものである。私は，すべての生徒が意欲的に学べる“学力差を乗り越えた”授業をすることが，教師の“仕事の流儀”だと考え実践してきた。大学教育でも，それは同様である。手前みそだが，ある学生が「先生に習って，はじめて勉強って面白いと思いました。中学校時代に習っていたら，勉強が好きになっていたかもしれません」と，最後の授業で声をかけてくれた。また，別の学生は「先生の授業は万人に愛される授業だと思います」といってくれた。“わからない”とは叫ばないが，“机に伏す”子どもたちに，何をしてきたのか？　私たちは，自問自答をすべきではないだろうか？

　本書は，13冊にも及ぶ著書を刊行させていただいた，明治図書出版の及川誠さんの尽力によるものである。また，校正，データ等を確認していただいた杉浦佐和子さんにも感謝している。この場を借りてお礼を申し上げたい。

2019年7月　　河原　和之

【著者紹介】

河原　和之（かわはら　かずゆき）
1952年，京都府木津町（現木津川市）生まれ。
関西学院大学社会学部卒。東大阪市の中学校に三十数年勤務。東大阪市教育センター指導主事を経て，東大阪市立縄手中学校退職。
現在，立命館大学，近畿大学他，8校の非常勤講師。
授業のネタ研究会常任理事。経済教育学会理事。
NHK わくわく授業「コンビニから社会をみる」出演。

【著書】

『「歴史人物42人＋α」穴埋めエピソードワーク』『100万人が受けたい「中学社会」ウソ・ホント？授業』シリーズ（全3冊）『「本音」でつながる学級づくり　集団づくりの鉄則』『スペシャリスト直伝！中学校社会科授業成功の極意』『続・100万人が受けたい「中学社会」ウソ・ホント？授業』シリーズ（全3冊）（以上，明治図書）他多数

【イラストレーター紹介】

山本　松澤友里（やまもと　まつざわゆり）
1982年，大阪府生まれ。広島大学教育学部卒。
東大阪市の中学校に5年勤務。
『ダジャレで楽しむタイ語絵本』（TJ ブリッジタイ語教室）企画・編集・イラストを担当。

100万人が受けたい！
見方・考え方を鍛える「中学歴史」
大人もハマる授業ネタ

2019年8月初版第1刷刊　Ⓒ著　者　河　原　和　之
2020年6月初版第2刷刊　　発行者　藤　原　光　政
　　　　　　　　　　　　発行所　明治図書出版株式会社
　　　　　　　　　　　　　　http://www.meijitosho.co.jp
　　　　　　　　　　　（企画）及川　誠（校正）杉浦佐和子
　　　　　　　　　　　〒114-0023　東京都北区滝野川7-46-1
　　　　　　　　　　　振替00160-5-151318　電話03(5907)6703
　　　　　　　　　　　　　ご注文窓口　電話03(5907)6668
　＊検印省略　　　　　　組版所　長野印刷商工株式会社
本書の無断コピーは，著作権・出版権にふれます。ご注意ください。

Printed in Japan　　　　　　　ISBN978-4-18-371317-9
もれなくクーポンがもらえる！読者アンケートはこちらから
→

学校現場で今すぐできる「働き方改革」
目からウロコのICT活用術

新保 元康 著

+αのアイデアで日常改善!学校現場からの「働き方改革」

一人一人の仕事の効率化から、学校全体の働き方改革へ!「学校現場で今すぐできる」「ICT」という2つの視点から考える学校改善トライアル。「学校にあるものを活用」して,「仕事の流れを変える」ことで、働きやすさはこんなに変わる!目からウロコのカイゼン術。

A5判 152頁
本体 1,600円+税
図書番号 0893

主体的・対話的で深い学びを実現する!
小学校外国語『学び合い』活動ブック
通知表文例つき

西川 純・橋本 和幸・伊藤 大輔 編著

コミュニケーションあふれる外国語『学び合い』活動をナビゲート

外国語活動・外国語で、主体的・対話的で深い学びはこう実現できる!児童用シート+教師用シートの見開き2頁構成で、外国語『学び合い』活動をナビゲート。めあて+手立て、ゴールと振り返りから、対話形式の授業の流れと声かけのポイントまで。通知表コメント例つき。

B5判 136頁
本体 1,960円+税
図書番号 2839

中学地理「基礎基本」定着 面白パズル&テスト
得点力不足解消!

南畑 好伸 著

楽しく基礎基本定着!中学地理わくわく面白パズル&ワーク

子どもたちが大好きなパズル教材・ワークを面白く・楽しいだけで終わらない「基礎基本定着」をポイントとして具体化。問題を解くと見えてくる「キーワード」でポイントがおさえられる!中学地理の各単元のまとめとしても使える、面白パズル&テストが満載の必携の1冊。

B5判 136頁
本体 2,200円+税
図書番号 2849

全単元・全時間の流れが一目でわかる!
社会科365日の板書型指導案
3・4年 5年 6年

阿部 隆幸・板書型指導案研究会 他著

板書例&ポイントがわかる!社会科365日の授業レシピ

社会科365日の授業づくりと板書例が一目でわかる!各学年の全単元・全時間の授業について①「板書」の実物例②授業のねらいと本時のポイント③「つかむ」「調べる」「まとめる」授業の流れ④つけたい力と評価のポイントまでを網羅した必携のガイドブックです。

3・4年
B5横判 168頁 本体2,400円+税 図書番号 3096
5年
B5横判 120頁 本体2,260円+税 図書番号 3097
6年
B5横判 128頁 本体2,260円+税 図書番号 3098

明治図書 携帯・スマートフォンからは **明治図書ONLINE** へ 書籍の検索、注文ができます。

http://www.meijitosho.co.jp *併記4桁の図書番号(英数字)でHP、携帯での検索・注文が簡単に行えます。

〒114-0023 東京都北区滝野川7-46-1 ご注文窓口 TEL 03-5907-6668 FAX 050-3156-2790

ピンチをチャンスに変える！学級立て直しマニュアル

子どもの笑顔を
取り戻す！

むずかしい
学級
リカバリーガイド

山田洋一　著

【図書番号2673　Ａ５判・152頁・1,900円＋税】

"学級崩壊"に正面から立ち向かい子どもを救おう！「むずかしい学級」の担任１５の心得から，効果１０倍の教科指導，効果１０倍の生活指導まで。「むずかしい学級」をよみがえらせ，子どもに笑顔を取り戻すために何ができるのか。５０のポイントをまとめた必携の１冊。

子どもの思考と成長にこだわる！「わかる」社会科授業モデル

社会科授業サポートBOOKS

思考の流れ＆
教材研究にこだわる！

「わかる」
社会科授業
をどう創るか

個性のある
授業
デザイン

木村博一　編著

【図書番号3104　Ａ５判・184頁・1,900円＋税】

どうすれば社会科授業を面白く，わかりやすく出来るのか。教材研究と子どもの思考にこだわり，一人一人の成長にこだわる「わかる」社会科授業について，そのポイントから教材づくりの視点，深い学びを実現する授業デザイン，指導展開例までをわかりやすくまとめました。

明治図書　携帯・スマートフォンからは **明治図書 ONLINE** へ　書籍の検索，注文ができます。▶▶▶

http://www.meijitosho.co.jp　＊併記４桁の図書番号（英数字）でHP，携帯での検索・注文が簡単に行えます。

〒114-0023　東京都北区滝野川7-46-1　ご注文窓口　TEL 03-5907-6668　FAX 050-3156-2790

＊価格は全て本体価表示です。

小学校 新学習指導要領 社会の授業づくり

澤井 陽介 著

改訂のキーマンが、新CSの授業への落とし込み方を徹底解説！

資質・能力，主体的・対話的で深い学び，社会的な見方・考え方，問題解決的な学習…など，様々な新しいキーワードが提示された新学習指導要領。それらをどのように授業で具現化すればよいのかを徹底解説。校内研修，研究授業から先行実施まで，あらゆる場面で活用できる1冊！

四六判 208頁
本体 1,900円＋税
図書番号 1126

中学校 新学習指導要領 社会の授業づくり

原田 智仁 著

改訂のキーマンが、新CSの授業への落とし込み方を徹底解説！

資質・能力，主体的・対話的で深い学び，見方・考え方，評価への取り組み…など，様々な新しいキーワードが提示された新学習指導要領。それらをどのように授業で具現化すればよいのかを徹底解説。校内研修，研究授業から先行実施まで，あらゆる場面で活用できる1冊！

Ａ5判 144頁
本体 1,800円＋税
図書番号 2866

社会科授業サポートBOOKS 小学校社会科
「新内容・新教材」指導アイデア
「重点単元」授業モデル

北 俊夫 編著

「重点単元」「新教材・新内容」の授業づくりを完全サポート！

平成29年版学習指導要領「社会」で示された「新内容・新教材」「重複単元」について，「主体的・対話的で深い学び」の視点からの教材研究＆授業づくりを完全サポート。キーワードのＱ＆Ａ解説と具体的な指導計画＆授業モデルで，明日からの授業づくりに役立つ必携バイブルです。

Ａ5判 168頁
各 本体 2,000円＋税
図書番号 2148, 2329

主体的・対話的で深い学びを実現する！
板書＆展開例でよくわかる
3・4年 社会科 5年 6年
授業づくりの教科書

朝倉 一民 著

1年間の社会科授業づくりを完全サポート！

1年間の社会科授業づくりを板書＆展開例で完全サポート。①板書の実物写真②授業のねらいと評価③「かかわる・つながる・創り出す」アクティブ・ラーニング的学習展開④ＩＣＴ活用のポイントで各単元における社会科授業の全体像をまとめた授業づくりの教科書です。

3・4年
Ｂ5判 136頁 本体2,200円＋税 図書番号2285
5年
Ｂ5判 176頁 本体2,800円＋税 図書番号2293
6年
Ｂ5判 184頁 本体2,800円＋税 図書番号2296

明治図書　携帯・スマートフォンからは 明治図書ONLINE へ　書籍の検索、注文ができます。
http://www.meijitosho.co.jp　＊併記4桁の図書番号（英数字）でHP、携帯での検索・注文が簡単に行えます。
〒114-0023　東京都北区滝野川7-46-1　ご注文窓口　TEL 03-5907-6668　FAX 050-3156-2790